D1129811

BÉNARÈS

© Editions Xavier RICHER
1, quai aux Fleurs - 75004 Paris - France - 1985
© HOA-QUI Editions
145, rue Saint-Dominique - 75007 Paris - France - 1985
© Textes et photographies : Pierre TOUTAIN - 1985
Photographie de la page 7 : S.E. I.H. Latif,
Ambassadeur d'Inde à Paris.
Sources iconographiques des illustrations en noir :
PRINT ROOM, Monsieur John Cumming
Carte de la page 33 : "Banaras City of Light" de Diana L. ECK
ROUTLEDGER & KEGAN PAUL (London) DR.
Imprimé sur les Presses de Mâcon Imprimerie
Traduction : Mostyn MOWBRAY
Dépôt légal : novembre 1985
ISBN 2.901151-17-5
Printed in France
Distribution exclusive en Inde : UBS Publishers'Distributors Ltd.   ·

TEXTES
ET
PHOTOGRAPHIES
PIERRE TOUTAIN

UBSPD
UBS Publishers' Distributors Ltd.

BÉNARÈS
TETE & CŒUR DE L'INDE

BENARES
THE HEART AND SOUL OF INDIA

L'INDE est un monde en soi. Une terre de contradictions. Nul autre pays n'apparaît sous un aspect aussi insolite. L'Inde est une énigme.

L'Inde est un géant assoupi dans la nuit des temps qui se dresse avec force, sagesse et patience, goûtant une liberté longtemps attendue ; fort d'une longue expérience, il avance à grands pas vers un avenir prometteur.

L'Inde est une réalité difficilement accessible à l'esprit cartésien. Trop vaste, trop complexe, elle ne peut être cernée. Souvent incompréhensible à l'Occidental, elle ne laissera entrevoir que ses grandes lignes de force. Pour la découvrir, il faut oublier les notions trompeuses, les contrastes, les extrêmes et demeurer l'esprit ouvert et attentif.

Les villes surpeuplées alternent avec les déserts. Les lieux de pélerinage abritent des sites industriels. Les grandes richesses côtoient la plus extrême pauvreté. Ce pays au potentiel colossal vit une profonde mutation où le passé se conjuguant au présent insuffle l'énergie remarquable qui le pousse en avant. En s'appuyant sur hier pour fortifier aujourd'hui, cette nation forge les clefs de son progrès. Avec réussite. En pénétrer le mystère, c'est lever le voile sur la culture indienne qui plonge ses racines au plus profond de quelque cinq millénaires. La source qui a nourri cette longue histoire se trouve à BÉNARÈS.

Car BÉNARÈS est l'Inde et l'Inde est tout entière à BÉNARÈS. Ville d'importance moyenne aujourd'hui, sa réalité ne justifierait pas sa prédominance. Pourtant, toute son histoire, toute la mythologie, toutes les traditions consacrent sa place essentielle. Ville sacrée, phare de l'indianité, enclavée dans l'état d'UTTAR PRADESH, non loin des premiers contreforts de l'Himalaya, BÉNARÈS est la tête et le cœur de l'Inde. Posée sur la rive gauche du Gange, elle puise sa raison d'être dans ce fleuve appelé "Mère Gange" - Ma Ganga, personnification de la fougueuse déesse Ganga que le Dieu Shiva parvint à apaiser.

INDIA is a world in itself ; it is a land of contradictions, an enigma. No other country can compare with it.

Like a giant waking after a long sleep, endowed with strength, wisdom and patience, India is experiencing a long-awaited freedom and, armed with long experience, is striding confidently into a promising future.

The reality of India is not easily grasped by the Cartesian mind ; it is too vast, too complex, too elusive, beyond the comprehension of many Westerners. Its main lines of force can only be glimpsed. To discover India, one must reject misleading concepts, forget its contrasts and extremes, and keep an open and receptive mind.

Overpopulated towns and cities alternate with deserts. Industrial sites adjoin places of pilgrimage. Great wealth coexists with extreme poverty. This country with an enormous potential is undergoing a profound change in which past and present combine to generate the tremendous energy that drives it forward. In calling upon the experience of the past to strengthen the present, this nation is successfully forging its future. To penetrate this mystery, one has to gain an insight into Indian culture, whose roots lie some five thousand years in the past and whose wellspring is to be found in Benares.

For Benares typifies India ; all of India is contained there. Its importance is not justified by its size ; it is only a medium-sized city by today's standards. But it owes its essential position to its history, its mythology, its traditions. A holy city, a beacon of Indianism, located in the State of Uttar Pradesh not far from the foothills of the Himalayas, Benares is the heart and soul of India. Built on the left bank of the Ganges, it derives its raison d'être from that river, known as "Mother Ganges" : Ma Ganga, the personification of the impetuous goddess Ganga whom the god Shiva succeeded in taming.

Vue de Bénarès et ses environs. Charles Forrest : A Picturesque Tour along the Rivers Ganges and Jumna. Londres, 1824. Aquatinte coloriée à la main à partir de dessin exécuté par l'auteur.

View in and near Benares from : Charles Forrest. A Picturesque Tour along the Rivers Ganges and Jumna. London, 1824. Hand-coloured aquatint from a drawing by Forrest.

Pittoresque et merveilleuse, face au soleil levant, longue et étroite, BÉNARÈS déploie sur quelque cinq kilomètres ses quais - les ghâts -, ses temples, ses palais ornés de tours crénelées et de donjons.

L'histoire de cette solide citadelle qui a dû tenir tête à l'assaut des infidèles se perd dans la nuit des temps.

Elle est le berceau de l'art et de la spiritualité de l'Inde dont la foi bat le long de ses ghâts. La dévotion qui y règne est unique.

Il faut, aux heures matinales, voir les ghâts s'enfler d'une foule grouillante qui vénère le Gange. A demi nus, avec une simplicité pleine de grandeur, les croyants se glissent dans l'Eau sacrée. Elle ruisselle sur les corps, les enveloppe entraînant les souillures de la peau et les impuretés de l'âme (l'atman). Ce bain rituel est une transformation. L'onde baigne la chair, mais son énergie subtile irrigue le fidèle jusqu'au plus profond de son atman, le purifie et le charge de mérites.

BÉNARÈS est l'une des plus anciennes cités du monde et son histoire porte les stigmates des événements qui ont jalonné les étapes parfois dramatiques de l'existence et de la renaissance de l'Inde.

Picturesque and impressive, facing the rising sun, Benares is a long, narrow city whose five kilometers of quays, called ghats, are lined with temples and palaces featuring crenellated towers and keeps.

The history of this city, which in the past has withstood the assaults of infidels, is lost in the mists of time.

It is the cradle of Indian art and religion ; the religious fervour that reigns along its ghats is unique.

In the early morning, the ghats are invaded by a teeming crowd of worshippers who venerate the Ganges. Half naked, the believers enter the sacred waters with impressive simplicity, cleansing their bodies and purifying their souls. This ritual bath is a transformation ; the water not merely washes the body, its hidden powers cleanse the believer inwardly to the depths of his soul, or atman, purifying him and endowing him with merit.

Benares is one of the oldest cities in the world, and its history bears the mark of events that have constituted milestones in the often dramatic tapestry of the life and rebirth of India.

Ablutions d'une jeune femme Hindou de classe élevée sur les rives du Gange.
Mʳˢ S.C. Belnos : Hindoo and European Manners in Bengal. Londres, 1832.
Lithographie coloriée à la main à partir de dessin exécuté par l'auteur.

Ablutions of a young Hindoo Woman of Rank on the Banks of the Ganges.
Mʳˢ S. C. Belnos. Hindoo and European Manners in Bengal. London, 1832.
Hand-coloured lithograph from a drawing by Mʳˢ Belnos.

BÉNARÈS
L'ETERNELLE

BÉNARÈS fut le témoin de l'histoire de l'Inde. Depuis les royaumes Aryens et leurs rivaux, les empires Mauryas et Guptas, les siècles de domination musulmane et enfin britannique, les grands courants historiques l'ont pétrie.

Les Sages y ont énoncé leur philosophie.
Les Yogis et les Ascètes y élirent refuge.
Les Brahmanes orthodoxes y élaborèrent leurs rituels.

Les poètes et les saints sont venus y chanter.
Les Dieux du Panthéon indien y sont sortis de l'ombre. Le peuple est venu les comprendre, les voir, façonner leur image.

BENARES
THE ETERNAL CITY

*B*ENARES *is a living witness to the history of India. It has experienced the tide of events of the nation's past, from the Aryan kingdoms and their rivals, the Maurya and Gupta empires, to centuries of Moslem, and later British, domination.*
It was here that the Sages propounded their philosophy :
Yogis and Ascetics found their home ;
orthodox Brahmans formulated their rituals ;
poets and saints wrote and preached ;
and the gods of the Indian Pantheon revealed themselves ;
it was here that people came to understand them and fashion their images.

LES ARYENS

PASTEURS nomades de race blanche, venus des bords de la Mer Caspienne vers le 18e siècle avant Jésus-Christ, ils imposèrent une tradition religieuse connue par les Védas ou "Savoir", ensemble d'œuvres sacrées qui forment la substance écrite de la religion hindoue et s'échelonnent sur les deux millénaires précédant l'ère chrétienne. Aucune littérature n'a eu dans le temps et l'espace, une semblable propagation.

Les grandes étapes de l'Hindouisme sont signalées par ces œuvres dont les principales sont Purâna et Samkitâ, Agama et Tantra. Elles reflètent l'ensemble de la civilisation indienne, qu'il s'agisse de littérature, de sciences, de philosophie ou de religion.
La division de la société hindoue en quatre castes essentielles apparaît à cette époque. Lorsque Brahma créa le monde, il fit sortir de sa bouche le Brahmane, détenteur du pouvoir sacerdotal, de ses bras le Ksatiya, noble et guerrier, de ses cuisses le Vairya, commerçant ou artisan, de ses pieds, le Shudra, serviteur ou paysan.

Deux hommes issus de familles princières, au VIe siècle avant Jésus-Christ, vont s'insurger contre ce système de partition et s'opposer au pouvoir des Brahmanes. Câkyamauni, "l'Illuminé", (Bouddha) et Mâhâriva fondèrent respectivement le Bouddhisme et le Jaïnisme. Leurs doctrines basées sur la non-violence prônent le respect de la vie et l'égalité de chacun devant Dieu. De ces deux ascètes nous viennent le yoga et la méditation.
Pour résister à ces deux nouveaux courants de pensée, le Brahmanisme intègrera d'autres cultures et deviendra l'Hindouisme (culte de Shiva et Vishnou), la religion la plus répandue en Inde avec ses cinq cents millions de fidèles.

THE ARYANS

NOMADIC herdsmen of the white race who arrived from the shores of the Caspian Sea in the eighteenth century B.C., the Aryans imposed a religious tradition contained in the Vedas, a collection of sacred writings covering the two thousand years preceding the Christian era and forming the substance of the Hindu religion. No literature, anywhere at any time, has been so widely propagated.
The major stages of Hinduism are covered by these works, the main ones being Purana and Samkita, Agama and Tantra. They reflect Indian civilization in all its aspects - literature, science, philosophy and religion.
The division of Hindu society into four main castes occurred at that time. When Brahma created the world, from his mouth emerged the Brahman, in whom sacerdotal authority was vested ; from his arms came the Ksatya, the nobleman and warrior ; from his loins came the Vairya, the tradesman or craftsman ; and from his feet, the Shudra, the servant or peasant.
In the sixth century B.C. two scions of princely families protested against this caste system and opposed the authority of the Brahmans. They were Cakyamauni (Buddha, "The Enlightened One") and Mahariva, who founded Buddhism and Jainism respectively. Their doctrines were based on non-violence ; they championed respect for life and the equality of all human beings before God. These two ascetics advocated yoga and meditation.
To counter these two new trends of thought, Brahmanism embraced other cultures and became Hinduism, the cult of Shiva and Vishnu, which is now the most widespread religion in India, with five hundred million believers.

LES MAURYAS

CETTE dynastie connaîtra son apogée sous le règne de l'empereur Asoka. Converti au Bouddhisme vers 250 avant Jésus-Christ, il participe activement à l'expansion de cette religion. Il promulgue de nombreux édits moralistes, fait ériger des monastères et des édifices sacrés dont le Stupa de Sarnath aux portes de Bénarès.
Son vaste empire comprenait presque toute l'Inde actuelle, mais se morcellera après la chute de sa dynastie.
Déchirée pendant plusieurs siècles entre les princes grecs et les Scythes originaires de l'Iran oriental, elle ne retrouvera son unité qu'avec de nouveaux maîtres.

THE MAURYAS

THIS dynasty reached its apogee during the reign of the Emperor Ashoka. Converted to Buddhism in 250 B.C. or thereabouts, he played an active part in the expansion of that religion, promulgating numerous moralistic edicts and erecting monasteries and other sacred buildings, including the Stupa of Sarnath at the gates of Benares.

His vast empire comprised almost the whole of present-day India, but after the fall of his dynasty it was split up for several centuries between the Greek princes and the Scythians, natives of Eastern Iran, and was unified again under new leaders.

Un Brahman. Charles Gold : Oriental Drawings. 1806. Aquatinte coloriée à la main à partir d'un dessin exécuté par l'auteur.

A Brahman, from : Charles Gold. Oriental Drawings. 1806. Hand-coloured aquatint from a drawing by Gold.

LES GUPTAS

ETTE fastueuse dynastie, fondée vers 290 de notre ère par Sri Gupta, élèvera l'Inde jusqu'à l'apogée de son art classique. C'est l'âge d'or des lettres et des arts, caractérisé par la pureté des formes, l'équilibre et l'harmonie des proportions.

Les Guptas règneront avec faste sur une Inde unifiée et propageront le Bouddhisme dans toute l'Asie.

L'empire ne chancellera que devant les coups portés par les diverses invasions hunniques. Se remettant mal des destructions causées par les Huns, il se divise en trois entités régionales : Ayudhiya, Malava et Bénarès, du nom de leur capitale. Ce fractionnement marquera la fin de cette dynastie dont l'important patrimoine artistique est en partie parvenu jusqu'à nous.

THE GUPTAS

HIS prestigious dynasty, founded about 290 A.D. by Sri Gupta, brought Indian art and literature to their apotheosis. It was the golden age of the arts, characterized by purity of form and balance and harmony of proportions.

The Guptas reigned in splendour over a unified India and propagated Buddhism throughout Asia.

The empire eventually toppled under the blows inflicted by the various invasions of the Huns ; unable to recover from the destruction they caused, it split into three regional entities : Ayodhiya, Malava and Benares, each named after its capital city. This fragmentation marked the end of the dynasty, part of whose artistic heritage has survived to this day.

LES MUSULMANS

ÈS le VIIe siècle, ils envahissent le nord de l'Inde. Bénarès connaîtra alors des heures sombres, ses temples seront détruits, mais elle restera le cœur de l'Hindouisme et de la philosophie indienne.

Par chance, Akbar (au XVIe siècle) le plus grand souverain de l'Inde musulmane, fera bénéficier la ville sainte de sa tolérance religieuse. Il construit les ghâts et finance la remise en état des temples. Bénédiction éphémère ! Le fanatique Aurengzeb qui lui succède fait raser les sites sacrés et sur ces ruines érige des mosquées. Animé d'une farouche volonté qui le pousse à écraser l'Hindouisme, il essaie en vain de débaptiser Bénarès en Muhammadabad. Son nom reste aujourd'hui attaché à la plus importante mosquée qui surplombe encore la vieille ville.

THE MOSLEMS

HE Moslems invaded Northern India in the seventh century. They dealt a cruel blow to Benares, whose temples were destroyed, but the city remained the heart of Hinduism and Indian philosophy.

In the sixteenth century the greatest ruler of Moslem India, Akbar, granted the holy city the benefit of his religious tolerance. He built the ghats and financed the renovation of the temples. But it was a passing phase. The fanatic Aurengzeb who succeeded him razed the holy sites and built mosques on their ruins. Driven by the determination to crush Hinduism, he tried in vain to change the name of Benares to Muhammadabad. The largest mosque in Benares, overlooking the old town, still bears his name.

LES BRITANNIQUES

1765 verra la fin de l'expansion musulmane lorsque Chah Alem vaincu par les Anglais leur abandonne le pouvoir. C'est le traité d'Allahabad.

ES nouveaux conquérants ont-ils jamais compris l'Inde ? Ils voulurent faire de CALCUTTA une capitale, mais ne bâtirent qu'un comptoir. C'est à Bénarès qu'ils auraient dû installer le siège de leur empire, si ces dominateurs plus marchands que politiques avaient connu l'esprit de ce peuple. Ils n'ont pas su deviner la portée de cette erreur et, laissant un empire debout face au leur, ils favorisèrent l'antagonisme qui devait se déclarer contre eux. A la force, les Indiens opposaient leurs traditions, leur prestige, leur foi et leur véritable capitale, sainte, sacrée, demeurait toujours Bénarès l'Eternelle.

Le tumulte de l'histoire de ce peuple rejoint celui de sa mythologie. L'une s'est écrite par les armes, l'autre sous forme de conte.

THE BRITISH

Moslem expansion came to an end in 1765 when Shah Alem was beaten by the British and handed over authority to them under the Treaty of Allahabad.

ID the British ever understand India ? They wanted to make Calcutta a capital city, but only established a trading post there. If the conquerors, who were more concerned with trade than with politics, had understood the Indian mind they would have made Benares the capital. They failed to realize the significance of this mistake ; leaving an empire intact in the presence of their own empire, they aggravated the antagonism that was bound to arise against them. The Indians opposed force with their traditions, their prestige, their faith, and the real capital remained the holy and eternal city of Benares.

The tumultuous history of this people is tied in with their mythology. The former is written in feats of arms, the latter in narratives.

Européens regardant un charmeur de serpents et des danseuses. Charles d'Oyley et Thomas Williamson : The Customs and Costumes of Modern India. Londres, c. 1824.
Aquatintes coloriées à la main à partir de dessins exécutés par d'Oyley.

Europeans watching a snake charmer and dancing girls, from : Charles d'Oyley and Thomas Williamson. The Customs and Costumes of Modern India. London, c. 1824. Hand-coloured aquatints engraved from drawings by d'Oyley.

La déesse Kalli - Etienne Rodrigues : Castes Hindous - c. 1846

The Goddess Kalli, from : Etienne Rodrigues. Hindoo Castes. c. 1846

ET GANGA DESCENDIT SUR TERRE

*I*L était une fois un roi légendaire, Sagara, père de soixante mille fils, qui voulut couronner son règne par le plus grand sacrifice consacré par les Védas, celui d'un cheval.

L'animal fut confié à la garde des princes, car il devait vivre libre durant les mois qui précédaient son immolation. L'étalon s'échappa et les soixante mille gardiens se lancèrent à sa recherche. Après maintes périgrinations, ils le retrouvèrent enfin qui paissait tranquillement près de l'ascète Kapila, absorbé dans sa méditation. Furieux de cette intrusion, le Sage, d'un regard, les réduisit en cendre.

Inquiet de leur disparition, Sagara envoya son petit fils, Ashumat, à leur recherche. Modeste, vaillant et respectueux, le jeune homme charma Kapila qui lui conta la mésaventure de ses oncles audacieux.

THE MYTH OF GANGA

*T*HERE was once a legendary king, Sagara, who had 60,000 sons and who wished to crown his reign with the greatest sacrifice laid down by the Vedas : that of a horse.

The animal was placed in the care of the princes, for it had to be allowed to live in freedom during the months preceding its immolation. The stallion escaped, and its sixty thousand guardians set off in search of it. After many peregrinations, they finally found it browsing peacefully beside the ascetic Kapila, who was plunged in meditation. Angry at the intrusion, the sage gave them a look which reduced them to ashes.

Worried by their disappearance, Sagara sent his grandson Ashumat to look for them. The young man, who was modest, valiant and respectful, won the confidence of Kapila, who recounted the misadventure of his imprudent uncles.

"Pour les ressusciter, confia le saint homme, il faudra les baigner dans les eaux purificatrices de Ganga". Mais comment décider la fougueuse Déesse à quitter son firmament pour mener à bien cette intervention salutaire ? Il fallut attendre des siècles avant qu'un certain Bhagiratha décide de mener une vie d'ascèse en faveur des princes. Etant resté mille ans, immobile, les mains jointes au-dessus de la tête, il émut Brahma, le dieu suprême qui, dans sa clémence, accorda la venue de Ganga sur terre.

Ganga en fut courroucée et décida, puisqu'il en était ainsi, de détruire le globe de ses flots impétueux.

Seul Shiva, Dieu à la force colossale, était capable de dompter la Déesse : "Je porterai sur ma tête la fille du roi des montagnes". Et Ganga de répondre : "Je pénètrerai dans les enfers emportant Shiva dans mes flots".

Prenant une forme immense et un élan irrésistible, elle se précipita avec la ferme intention de tout briser sur son passage. Tombant sur le crâne herculéen de Shiva, elle se perdit dans la masse de sa chevelure. Malgré ses efforts, elle ne put atteindre la terre. Des années prisonnière, elle erra ainsi à la recherche d'une issue.

Enfin assagie, elle atteignit le sol. Jour béni ! Toutes les créatures vinrent assister au somptueux spectacle qu'était cette descente du Gange en ce monde. Ses Eaux sacrées se répandirent parmi les cris de joie et les chants.

L'accompagnant, des bancs de poissons, de tortues, de crocodiles venaient joncher la planète dont ils réhaussaient l'éclat. Les Dieux, accompagnés de Sages, accouraient sur des chars, des chevaux, des éléphants pour admirer Ganga. Un ciel lumineux étincelait comme dix soleils.

Maintenant les ondes purifiantes baignaient la sépulture des soixante mille princes qui ressuscitèrent.

Le mythe poétique de Ganga est à l'origine de la ville de Bénarès et du caractère sacré de l'eau.

"To resuscitate them" said the holy man "you will have to bathe them in the purifying waters of Ganga". But how could this strong-minded goddess be persuaded to leave her firmament to perform this salutary deed ? Centuries passed before a certain Bhagiratha decided to lead the life of an ascetic on behalf of the princes. After remaining motionless for a thousand years with his hands joined above his head, he touched the heart of the supreme god Brahma, who in his clemency agreed to allow Ganga to descend to earth.

Ganga decided that if this had to be so, she would destroy the world with her tumultuous waves. Only Shiva, the god of colossal strength, was capable of taming the goddess : "I will carry the daughter of the god of the mountains on my head" he said. To which Ganga replied : "I will descend into the underworld bearing Shiva on my waves".

Assuming a huge size and gathering an irresistible impetus, she threw herself forward with the intention of smashing everything in her path. Falling on to the herculean head of Shiva, she became lost in the mass of his hair. Despite all her efforts, she was unable to reach the earth and remained a prisoner for years, seeking a way out.

Finally she managed to get down to earth. What a blessed day ! All living creatures gathered to witness the splendid sight of Ganga descending into the world. The sacred waters were unleashed amid cheering and singing.

Shoals of fish, tortoises and crocodiles accompanied her, enhancing the occasion. The gods, accompanied by sages, flocked to the scene on chariots, horses and elephants to admire Ganga. The sky was as bright as though ten suns shone.

The purifying waters engulfed the sepulchre of the sixty thousand princes, who were resuscitated.

The city of Benares and the sacred quality of the waters of its river originated in the poetic myth of Ganga.

Vue de Bénarès et ses environs. Charles Forrest : A Picturesque Tour along the Rivers Ganges and Jumna. Londres, 1824. Aquatinte coloriée à la main à partir de dessin exécuté par l'auteur.

View in and near Benares from : Charles Forrest. A Picturesque Tour along the Rivers Ganges and Jumna. London, 1824. Hand-coloured aquatint from a drawing by Forrest.

Louis Enault : l'Inde Pittoresque. Paris, 1861. Gravure sur acier.

Louis Enault : l'Inde Pittoresque. Paris, 1861. Steel engraving.

Offrande au Gange. Mʳˢ S.C. Belnos : Hindoo and European Manners in Bengal. Londres, 1832. Lithographie coloriée à la main à partir de dessin exécuté par l'auteur.

Offering to the Ganges, from : Mʳˢ S.C. Belnos. Hindoo and European Manners in Bengal. London, 1832. Hand-coloured lithograph from a drawing by Mʳˢ Belnos.

LE GANGE,
FLEUVE SACRÉ

LE Gange, à Bénarès, est donc le plus béni des Thirtas, les points d'eau sacrés. A l'action bénéfique de l'eau, s'ajoute ici une vertu divine qui efface le péché. Ce fleuve est une absolution. Force vitale de l'Inde, il draine des millions de pélerins.

Le soleil levant transmue les ghâts couronnés de palais et de temples. Les ors flamboyants de l'aube frappent le plus fascinant spectacle du monde, la Foi. L'espace est pétri de sainteté. Le Gange magnifié invite les croyants à la prière.

Par groupes compacts et colorés, ils descendent les grands escaliers qui vont se fondre dans les eaux. La ferveur monte. Les hauts-parleurs des temples nasillent les échos des chants religieux. Les ghâtias, les prêtres, prennent place sous de grands parasols de paille qui bordent le fleuve.

THE GANGES
THE SACRED RIVER

THE Ganges in Benares is the most blessed of all the Thirtas, or sacred waterways. To the beneficial effect of the water is added a divine virtue which washes away sin. Immersion in the river is an absolution. The life force of India, it is the venue of millions of pilgrims.

The rising sun transfigures the ghats against their background of temples and palaces. The flaming gold of the dawn illuminates the most fascinating spectacle in the world, the manifestation of faith. The scene is imbued with holiness. The Ganges, magnified, invites the faithful to pray.

In compact and colourful groups, they descend the large flights of steps leading into the water. Fervour mounts. The temple loudspeakers emit religious music. The ghatias (priests) take their place under large straw parasols beside the river.

Les fidèles pénètrent dans l'eau jusqu'à mi-poitrine. Suivant un rituel très strict, ils font leurs ablutions. Celles-ci sont la partie préliminaire et essentielle des rites brahmaniques, qui nettoient le corps avant de purifier l'esprit. S'étant rincé la bouche suivant les règles, l'âme clairvoyante, les croyants puisent l'eau au creux de leurs mains jointes. Les bras tendus, ils vénèrent le soleil, forme resplendissante du Dieu créateur, Brahma. Trois, quatre, cinq et sept fois, ils s'aspergent la tête et se baignant, ils prient :

"Victoire à Ganga ! Victoire à Shiva !
O Ganga née de l'urne de Brahma,
Toi descendue par la chevelure de Shiva
Pour laver les péchés de tous les hommes,
Les purifier et accroître leur bonheur !
Tu es le soutien de toutes les créatures
vivantes ici-bas !
Je pense à Toi et je me baigne dans tes Eaux.
Daigne effacer mes péchés et délivre-moi
du mal".

Enfin, ayant fait trois tours sur eux-mêmes par la droite, ils toucheront un brahmane, une vache et de l'or. Ainsi purifiés, ils se rendront dans l'un des deux mille temples de la ville.

La foule, en ces heures matinales, est disparate, bruyante et bigarrée. Elle s'active en de multiples occupations. Un masseur prend en charge le corps de son client, un barbier s'affaire, des boutiquiers s'installent, un mariage se prépare. Vêtu d'un simple pagne, athlétique, un homme s'adonne à des exercices de gymnastique et, cadencé par son souffle, pratique des appuis rythmés. Plus loin, en amont vers Asi-Ghât, un adorateur de Shiva reconnaissable aux trois traits horizontaux qui barrent son front entre en profonde méditation. Coupé du monde, il ne voit pas les deux éléphants qui, délicatement et presque avec manières, pour n'écraser personne, descendent majestueusement dans le Gange. Dans les ondes sacrées, ils se plongent au milieu des pélerins indifférents.

The faithful enter the water up to their chests, and perform their ablutions in accordance with a strict ritual ; these ablutions, which cleanse the body before the purification of the spirit, are an essential preliminary to the Brahman rite.

After having rinsed his mouth as the rules require, the worshipper, his spirit clairvoyant, takes the water in his cupped hands and, with arms outstretched, praises the sun, the resplendent form of God the Creator, Brahma. Three, four, five and seven times he sprinkles his head and prays :

"Victory to Ganga ! Victory to Shiva !
O Ganga, born of the urn of Brahma,
You who descended from the hair of Shiva
To wash away the sins of all men,
Purify them and increase their happiness !
You are the sustainer of all living creatures
here below !
I think of you and I bathe in your waters.
Deign to expunge my sins and deliver me
from evil".

Finally he turns around three times to the right and touches a Brahman, a cow, or a gold object. Thus purified, he repairs to one of the city's two thousand temples.

At this early hour the crowd is colourful, disparate and noisy. People are engaged in all sorts of occupations ; barbers and masseurs deal with their customers, vendors set up their stalls, preparations are made for weddings. An athletic young man wearing a simple loincloth performs physical exercises, breathing rhythmically as he does his press-ups. Further upstream, towards Asighat, a worshipper of Shiva, recognizable by the three horizontal lines on his forehead, meditates profoundly. Cut off from the world, he does not see the two elephants which, treading delicately, almost politely, so as to avoid stepping on anyone, enter the river majestically, mingling with the pilgrims in the sacred waters, who take no notice of them.

Vue de Bénarès et ses environs. Charles Forrest : A Picturesque Tour along the Rivers Ganges and Jumna. Londres, 1824. Aquatinte coloriée à la main à partir de dessin exécuté par l'auteur.

View in and near Benares from : Charles Forrest. A Picturesque Tour along the Rivers Ganges and Jumna. London, 1824. Hand-coloured aquatint from a drawing by Forrest.

SUR Dasashvameda, le plus populaire Ghât de Bénarès, les cloches d'un temple voisin marient leurs carillons aux murmures des prêtres et à l'incessante clameur des pélerins. Les prêtres, omniprésents à Bénarès —et il en faut pour desservir tous ses temples— sont ici plus nombreux que dans n'importe quelle autre ville, ROME comprise. Selon les rites de leur ministère, ils sont nommés Pandas, Tirtha-Purohitas ou Ghatias. Assis en tailleur, abrités du soleil par un parasol de natte et de bambou, les objets du culte disposés devant eux, ils attendent le pélerin. Ils sont à sa disposition pour faciliter ses dévotions, ils garderont ses vêtements durant le bain, l'assisteront pendant les rites, lui enseigneront les grands textes védiques. Ils le conseilleront aussi dans sa quête d'un hôtel réservé à l'usage exclusif des dévots. Enfin,

lorsque tout aura été accompli suivant la tradition, ils marqueront son front du Tikala, le "troisième œil". Du pélerin, ils recevront une obole.

Ici, le commerce est fructueux. Des marchands disposent sur une petite plateforme un étal couvert d'images pieuses, de rosaires et de guirlandes de fleurs. Leur parfum agréable caresse les narines et contraste avec les relents qui, parfois, rappellent la proximité des bûchers.

Une femme propose des vermillons dont le rouge et l'orange égaient d'un trait de feu l'austère rugosité des vieilles murailles. Ces poudres, réservées à l'usage des femmes mariées qui s'en parent le front, sont à Bénarès considérées comme un gage de bonheur

Louis Enault : l'Inde
Pittoresque. Paris, 1861.
Gravure sur acier.

Louis Enault : l'Inde
Pittoresque. Paris, 1861.
Steel engraving.

dispensé par les Dieux. Elles sont l'un des très rares souvenirs que le pélerin, avec un lota d'eau bénite, ramènera dans son lointain village.

A Kedar Ghât, une vache recherche également les bienfaits de l'eau, elle prend sa place près du fervent. Tous deux se baignent dans les flots purificateurs. Sa présence n'est pas déplacée, car son lait —le Shrikhande— est considéré comme un met divin. La vache est "seconde mère" et la tuer serait un matricide devant lequel tout fils recule. Ainsi bénie des dieux, elle est protégée et, pour accomplir son destin, morte elle sera confiée à Ganga. Aussi n'est-il pas rare de voir flotter sur le fleuve des dépouilles qui feront le délice de quelque vautour.

*O*N Dasashvameda, the most popular ghat in Benares, the bells of a nearby temple mingle their chimes with the murmuring of priests and the incessant clamour of the pilgrims. There are priests everywhere in Benares - there have to be, because of all the temples ; they are probably more numerous than in any other city, even Rome. Depending on the rites of their ministries, they are called Pandas, Tirtha-Purohitas or Ghatias. They sit cross-legged, under wickerwork and bamboo parasols, at the disposal of the pilgrims, assisting them in their devotions, reading to them from the Vedic texts, and looking after their clothes while they bathe. They also help them to locate a hotel reserved exclusively for the faithful. When the worshipper has completed the traditional ritual, the priest marks his forehead with the Tikala, the "third eye". The pilgrim gives him alms in return for his services.

Here, trade flourishes. Vendors display religious pictures, rosaries and garlands of flowers on their stalls. The scent of the flowers is a pleasant contrast to the odour that occasionally emanates from nearby butchers'shops.

A woman sells cinnabar, whose red and orange hues create a splash of colour against the drab old walls. This powder is used exclusively by married women, who adorn their foreheads with it. In Benares it is considered a talisman of good fortune dispensed by the gods. Along with a jar of holy water, it is one of the few souvenirs which the pilgrim takes back to his far-off village.

At Kedar Ghat, a cow also seeks the benefits of the water and takes her place among the faithful. Her presence is not inappropriate, for her milk, Shrikhande, is considered a divine beverage. The cow is a "second mother", and a person who killed a cow would be guilty of matricide. So, blessed by the gods, this animal is protected. Dead cows are offered up to Ganga, which explains why it is not unusual to see their carcases floating on the river, soon to be devoured by vultures.

Louis Enault : l'Inde Pittoresque. Paris, 1861. Gravure sur acier.

Louis Enault : l'Inde Pittoresque. Paris, 1861. Steel engraving.

UR la rive opposée, monotone et sablonneuse, des Sadhus sont en extase. Ces dévots qui ont tout abandonné, village, famille, caste, parcourent à pied les routes de l'Inde d'un pélerinage à l'autre. Ce long chemin initiatique les mènera peut-être à la Délivrance.

Ils pratiquent le yoga qui doit, par degrés, les élever à l'état de "contemplation absolue". Les premières traces de ces exercices se retrouvent dans les Védas. Véritable discipline de la pensée, le yoga repose, pour une large part, sur un parfait contrôle de la respiration.

L'un des Sadhus dans la posture —âsana— du lotus, emplit son souffle par la Lune —narine gauche— et, l'ayant retenu autant qu'il peut, le libère par le Soleil —narine droite—. Il répète cet exercice quatre fois par jour, le matin, à midi, le soir et à minuit. Un autre, le talon fermement appuyé contre le périnée, le pied droit sur l'aine, le menton serré au niveau du cœur, les sens concentrés, reste parfaitement immobile. D'un œil fixe, il regarde l'espace entre ses sourcils. C'est l'âsana Siddha, "qui rend heureux".

Au jour de leur mort, ayant enfin atteint la sagesse, ces ascètes seront dispensés de l'incinération. Pur, leur corps sera directement offert à Ganga.

N the opposite bank, sandy and featureless, the Sadhus are in a state of ecstasy. These holy men who have abandoned everything –their village, their family, their caste– travel the roads of India on foot from one place of pilgrimage to another. This long initiatory journey will perhaps lead them to deliverance.
They practice yoga, which by degrees brings them to the state of "absolute contemplation". The earliest reference to this practice is found in the Vedas. It is a veritable mental discipline, and depends in large part on perfect respiratory control.
One of the Sadhus is in the lotus (asana) posture ; he breathes in through the Moon (the left nostril), and after holding his breath for as long as he can, exhales through the Sun (the right nostril). He performs this exercise four times a day : in the morning, at noon, in the evening and at midnight. Another, his heel firmly pressing against the perineum, his right foot against the groin, his chin at the level of his heart, remains perfectly motionless, his mind fully concentrated. He stares fixedly into space. This is the Siddhasana posture, which brings happiness.
When they die, after having finally attained wisdom, these ascetics are not cremated ; they are pure, and their bodies are offered directly to Ganga.

LES PORTES DU PARADIS

IL est un ghât reconnaissable entre tous par la noirceur de ses degrés et les fumerolles qui s'échappent de ses bûchers funéraires : Manikarnika, le Saint des Saints. Là, vie et mort se confondent.

Miracle de Bénarès où la fin devient délivrance, ultime délectation.

Partout ailleurs effrayante, la mort à Bénarès est accueillie comme une invitée longuement attendue.

L'Hindou ne demande aucun bien matériel à Dieu qui connaît ses besoins, il n'aspire qu'à l'Illumination qui le libèrera du douloureux cycle des réincarnations. Sa vie présente dépend des actions commises durant les précédentes et ceci est régi par un code très strict, le Samsâra. Les peines encourues par le pécheur y sont énoncées dans le moindre détail, ainsi :

> "En dérobant du grain, on devient rat ;
> Du bronze, canard sauvage ;
> De l'eau, bête aquatique ;
> Du miel, moustique ;
> Du lait, corneille ;
> Des bonbons, chien ;
> Du beurre, mangouste..."

THE GATEWAY TO PARADISE

THERE is one ghat that is distinguishable from the others by its blackened steps and the smoke rising from its funeral pyres : Manikarnika, the holy of holies. Here, life and death merge.

It is the miraculous spot in Benares where the end is deliverance, the ultimate delectation.

Death, which everywhere else is feared, is welcomed in Benares like a long-awaited guest.

The Hindu asks no material benefits from God, who knows his needs ; he aspires only to the enlightenment which will liberate him from the doleful cycle of reincarnations. His present life depends on the acts he has committed in previous lives ; this is governed by a very strict code, the Samsara. The penalties incurred by the sinner are established in detail : for example :

> "If you steal grain, you become a rat ;
> If bronze, a wild duck ;
> If water, an aquatic creature ;
> If honey, a mosquito ;
> If milk, a crow ;
> If sweets, a dog ;
> If butter, a mongoose..."

Louis Enault :
l'Inde Pittoresque.
Paris, 1861.
Gravure sur acier.

Louis Enault :
l'Inde Pittoresque.
Paris, 1861.
Steel engraving.

EN quelque état d'esprit qu'il accomplisse une action, l'Hindou en recueillera le fruit dans un corps de qualité correspondante. Seul, il vient au monde, seul il en disparaît. Seul, il recevra le fruit de ses bons actes comme de ses méfaits. Son souhait le plus cher est de ne pas renaître. Etre libéré sera son seul désir. Le monde, notre monde, n'est qu'illusion. L'esprit doit échapper à la matière. L'âme doit atteindre la plus extrême perfection.

Ces règles absolues n'admettent qu'une seule exception, ainsi en décida Shiva, maître absolu de Bénarès où Yama, dieu de la mort, n'a pas droit de cité. Shiva déclara que Bénarès serait son sanctuaire suprême et secret, seul capable de permettre à tous les êtres vivants, sans distinction, d'échapper à la douloureuse loi du Samsara.

Aussi, des milliers d'hindous viennent-ils y mourir. Des années leur seront parfois nécessaires pour accomplir le voyage. Arrivés au but et, par crainte d'un éventuel retour, certains iront jusqu'à se mutiler les pieds.

IN whatever state of mind he commits an act, the Hindu will reap the consequences of it in a body of corresponding nature. He comes into the world alone, and leaves it alone. But he will bear the consequences of his good deeds as well as his misdeeds. His dearest wish is not to be reborn; all he asks is to be liberated. This world is an illusion. Mind must prevail over matter. The soul must attain utmost perfection.

There is only one exception to these rules, decreed Shiva, the absolute master of Benares, where Yama, the god of death, is not admitted. Shiva declared Benares a supreme and secret sanctuary where all living beings, without distinction, may escape the harsh law of the Samsara.

As a result, thousands of Hindus come to Benares to die. Sometimes it takes them years to make the journey. When they arrive, some of them, fearing a possible return, go so far as to mutilate their feet.

LE RENDEZ-VOUS DE TROIS CENT TRENTE MILLIONS DE DIEUX

SHIVA gouverne sa ville avec tout le Panthéon des dieux hindous : 330 millions de divinités organisées en véritable armée. A leur tête, vient la Sainte Trinité, Brahma, Shiva et Vishnu. Sous leurs ordres, tous se partagent différents ministères. Veillant sur les huit Directions, gouvernant les Jours de la semaine, protégeant les douze Soleils, sauvegardant la Végétation, préservant les Eaux. Il n'est pas une parcelle de Bénarès qui ne soit sous céleste surveillance.

Ces "légions divines" évoluent sur un territoire organisé à l'égal d'un Mandala. Le Mandala, au sens religieux, est un cercle sacré représentant l'Univers avec son centre, ses pouvoirs et ses galaxies. Mais le Mandala peut aussi être, selon la tradition, un plan architectural d'édifices sacrés.

Avec sa jungle de temples, Bénarès apparaîtra pourtant très désordonnée aux yeux de l'étranger et même de certains hindous. Pour le croyant, celui qui sait Voir, cette confusion n'est qu'apparente. Bénarès est un Mandala dont le centre sacro-saint est le temple de Vishvanatah, sanctuaire de Shiva.

THE MEETING PLACE OF THREE HUNDRED AND THIRTY MILLION GODS

SHIVA rules his city with the whole Pantheon of Hindu gods : three hundred and thirty million divinities, organized in a veritable army. At their head is the Holy Trinity : Brahma, Shiva and Vishnu. Under their orders, the rest share different ministries between them. They govern the eight directions and the days of the week, protect the twelve suns, safeguard plant life, conserve water. There is no part of Benares that is not under divine supervision.

These "divine legions" operate in a territory organized as a Mandala. The Mandala, in its religious sense, is a sacred circle representing the universe with its centre, its powers and its galaxies. But it can also mean, traditionally, an architectural plan of sacred edifices.

But with its jungle of temples, Benares seems very disordered to foreigners, and even to some Hindus. For the believer, who sees clearly, this confusion is only apparent. Benares is a Mandala whose sacrosanct centre is the temple of Vishvanatah, the shrine of Shiva.

Louis Enault :
l'Inde Pittoresque.
Paris, 1861.
Gravure sur acier.

Louis Enault :
l'Inde Pittoresque.
Paris, 1861.
Steel engraving.

Cette zone sacrée s'étend sur la rive gauche du Gange autour de Bénarès en une demi circonférence d'environ soixante kilomètres de rayon. La rive droite, quant à elle, est exclue de ce périmètre privilégié. Inhabitée, elle est considérée comme maudite. En période de mousson, aucune construction n'y pourrait résister, car le Gange a ses humeurs et ses crues sont tragiques. Bénarès bénéficie d'une situation protégée, construite sur trois petites collines, elle se tient respectueusement à l'abri des colères du fleuve. Ces légères protubérances du sol sont, d'après la légende, la marque du trident de Shiva soutenant sa ville. Ainsi, lorsque le déluge engloutira la terre entière, Bénarès sera seule sauvée des Eaux... avec ses trois cent trente millions de Dieux !

Un nouveau monde pourra renaître. La "Ville Eternelle" sera encore et à jamais la première et ce n'est que pure logique puisqu'elle détient le Mandala, schéma de l'univers.

EN attendant, les divinités sont partout visibles et proches de l'homme, au fond des échoppes, sur les murs, aux abords des cinémas, dans les hôtels, dans la moindre ruelle. Ce contact permanent est essentiellement visuel. L'hindou n'Adore pas, il Voit et l'image de la divinité n'est plus un objet, mais une Vision.

Les dieux égaient la ville de leur présence. Habillés de couleurs chatoyantes, ils animent le paysage. Les murs décorés de fresques présentent des scènes de la mythologie hindoue : le combat de Ganesh contre Parshurama, la légende du courageux Hanuman, la victoire de Durga sur le buffle-démon ou le mariage de Shiva et Parvati (1).

Décoratives, hautes en couleurs, naïves, ces peintures enseignent aux illettrés les grandes épopées de l'Hindouisme.

(1) cf. pages 54-55 - 96-97

This sacred area extends over a semicircle on the left bank of the Ganges with a radius of about sixty kilometres. The right bank is excluded from this privileged zone. It is uninhabited, and considered to lie under a curse. No building there could withstand the monsoon period, for the Ganges has its moods, and when in flood it can wreak havoc. Benares enjoys a privileged situation ; it is built on three small hills, immune from flooding. Legend has it that these rises in the ground are the mark of Shiva's trident, holding up the city. So that when the deluge engulfs the whole world, Benares alone will be saved from the waters - with its three hundred and thirty million gods !

A new world may come into being. But Benares, the eternal city, will still belong to the first one, for all time ; this is only logical, since it contains the Mandala, the plan of the universe.

MEANWHILE, the gods are everywhere visible and close : at the back of shops, on walls, in the vicinity of cinemas, in hotels, in every side-street. This permanent contact is essentially visual. The Hindu does not worship, he sees ; the image of the divinity is not an object, it is a vision.

The gods enliven the city with their presence. Gaily clothed, they enhance the environment. Frescoes on the walls depict scenes from Hindu mythology : the combat between Ganesh and Parashurama, the legend of the brave Hanuman, the victory of Durga over the buffalo demon, the marriage of Shiva and Parvati *.

Decorative, colourful and naive, these paintings tell illiterates of the great epics of Hinduism.

* See pages 54-55, 96-97.

L'INDE EN MARCHE

*D*ANS la vieille ville, le Chowk, aux ruelles étroites enchevêtrées les unes dans les autres, l'étranger se fond à chaque détour dans une masse grouillante et bariolée. Les odeurs tenaces, les bruits confus l'assaillent. Dans la foule où profane et sacré s'épousent, isolé, il perçoit toute la profondeur et la force de la vie indienne.

Ce peuple, ivre de sainteté, est insondable. Sa sagesse est le fruit longuement mûri d'une civilisation antédiluvienne. Sa tolérance accueille toutes les religions, tous les modes de vie avec un égal respect. Son impérissable vitalité l'anime d'une volonté essentielle : sauvegarder l'avenir.

*E*N marche vers demain, la plus grande démocratie du monde ne perd pas son identité. Elle y puise la force qui la porte plus loin, plus vite, plus sûrement. Le bond prodigieux réalisé depuis son indépendance n'est pas un fruit du hasard. L'industrialisation n'est pas un phénomène récent. Au siècle dernier, à côté de l'artisanat, l'Inde avait déjà atteint le niveau industriel le plus élevé d'Asie. La domination étrangère avait stoppé cette évolution, depuis son indépendance l'Inde a repris sa marche en avant.

En effet, ses derniers occupants étrangers connaissaient alors une révolution industrielle florissante et recherchaient des marchés pour leurs produits manufacturés. L'Inde fut pour eux à la fois un débouché commercial et une source de matières premières. Des cultures furent introduites comme le thé ou le jute. Elles profitèrent seulement aux riches marchands européens. L'artisanat fut supprimé, l'industrie sacrifiée, l'agriculture ravagée. La création de grandes propriétés ruina les petites exploitations, réduisant à la misère des millions de paysans laissés seuls face à la famine. Les occupants avaient foulé l'Inde. Ils la laissèrent exsangue.

Ce colossal empire colonial vacillera pourtant. Une imprévisible ennemie se dressera qu'ils ne pourront abattre : la "Grande Ame" - Mahatma.

INDIA ON THE MOVE

*T*HE narrow, tangled streets of the Chowk, in the old town, are filled with a seething and colourful mass of humanity. The visitor is assailed by penetrating odours and confused noises. Amid this crowd, where the sacred and the profane meet and mingle, he perceives the full force and profundity of Indian life.

The Indian people, imbued with sanctity, are unfathomable. Their wisdom is the mature fruit of an age-old civilization. Their tolerance embraces all religions, all life-styles, with equal respect. Their inexhaustible vitality sustains one main determination : to safeguard the future.

*T*HE world's biggest democracy, moving into the future, is not losing its identity. From that identity it derives the strength which drives it forward ever more rapidly and surely. The prodigious progress achieved since independence is not due to chance. Industrialization is not a recent phenomenon ; in the last century, hand crafts apart, India had already attained the highest level of industrialization in the whole of Asia. Foreign domination halted this trend, but since independence India has resumed its forward progress.

In the nineteenth century, its foreign occupiers were in the throes of a booming industrial revolution, and sought markets for their manufactured goods. India was for them at one and the same time a trade outlet and a source of raw materials. Crops such as tea and jute were introduced. They benefited only rich European merchants. Hand crafts were suppressed, industry was sacrificed, agriculture was ravaged. The creation of large estates ruined small property owners and reduced millions of peasants to poverty and famine. The occupiers plundered India, and left it exhausted.

But this great colonial empire was shaken by an unforeseen and unbeatable adversary : the Mahatma.

EN 1869, l'Inde donne le jour à Mohandas Karamchand Gandhi. Etudiant en Droit à Londres, puis avocat à Bombay et en Afrique du Sud —où il défendit la cause de ses compatriotes immigrés— ce petit homme résolu allait raviver la flamme qui sommeille en chaque indien, la Foi. Les unissant au sein du mouvement Svadeshi —lancé en 1920—, elle leur insufflera courage, détermination et confiance, les conduisant au 15 août 1947 à l'indépendance. Le leïtmotiv était simple, trop peut-être pour que l'on n'y prête une oreille attentive : "non coopération, sans violence".

Les produits étrangers boycottés, Gandhi, à titre de symbole, fit tisser et filer le coton blanc qui devint l'emblème de la liberté retrouvée. L'Inde est maintenant seule face à l'Inde. Pour la première fois de sa longue histoire, elle est affranchie. Elle savoure son autonomie.

LE 16 mai 1974, les sables du désert de Thar propagent leur colère dans un monde interloqué. L'Inde frappe du poing, affiche sa puissance retrouvée. Au côté des grands, elle entre dans l'ère nucléaire. Sa première bombe atomique vient d'exploser. Le géant s'éveille. Que de progrès, que de chemin parcouru en vingt-sept petites années ! Face à l'île d'Elephanta, Bombay avait vu neuf ans plus tôt, s'implanter la première centrale atomique indienne avec son usine de plutonium. Elephanta, un des hauts lieux de la spiritualité shivaïque, le dieu y est vénéré sous ses trois formes, création, conservation, destruction. Maître du monde, il fait face à l'énorme réacteur nucléaire de Trombay qui se dessine au loin.

HIER Shiva et demain Trombay ? La question ne se pose pas. D'ailleurs, ces deux mots —hier et demain— sont indissociables en hindi, ils ne font qu'un, "Kal". Et personne ne s'offusque de cette proximité, en Inde la spiritualité fait partie de la vie. Elle en est le moteur, le combustible. "Elle est, écrira Indira Gandhi, l'enrichissement de l'esprit, l'intensification des ressources intérieures, l'élargissement de l'expérience. Elle implique de rester calme au milieu de l'agitation, alerte et vibrant au milieu du repos. La spiritualité accueille joie et souffrance avec une égale sérénité. L'Inde qui fut, au cours des millénaires, la proie des conquérants avides, fut pillée, ruinée, mais elle ne perdit jamais son identité. Elle n'a commencé à vivre son existence de grande nation que lorsqu'elle eut arraché son indépendance à l'occupant anglais".

MOHANDAS Karamchand Gandhi was born in India in 1869. He studied law in London, and practiced as a barrister in Bombay and South Africa, where he defended the cause of his fellow-immigrants. This resolute little man was to rekindle the flame of faith slumbering in every Indian. The Svadeshi movement, founded in 1920, imbued Indians with courage, determination and confidence, and led to independence on 15 th August 1947. The leitmotiv was simple, too simple perhaps for it to attract much attention at the time : "non-cooperation without violence".
Foreign products being boycotted, Gandhi symbolically had the white cotton woven which became the emblem of new-found freedom.
India now stood on its own. For the first time in its long history it was its own master. It savoured its autonomy.

ON 16 th May 1974 an event occurred in the Thar desert that startled the world. India displayed its new-found strength and entered the nuclear age, exploding its first atomic bomb. The giant was waking. What tremendous progress in the short space of twenty-seven years !
Nine years previously the first Indian atomic power station, with its plutonium plant, had been built at Trombay, opposite Elephanta Island.
Elephanta is one of the major centres ot the Shiva faith, where the god is worshipped in his three forms : creation, conservation, destruction. The master of the world now faces the huge nuclear reactor of Trombay, visible in the distance.

SHIVA yesterday, Trombay tomorrow ? The question does not arise. Moreover, the two words yesterday and tomorrow are indissociable in Hindi ; there is one word for both of them, "kal". Nobody is put off by this ; in India, spirituality is part of life. It is the driving force, the fuel. It is, as Indira Gandhi wrote, the enrichment of the spirit, the intensification of inner resources, the broadening of experience.

It means remaining calm amid agitation, remaining alert and vibrant amid repose. Spirituality accepts joy and suffering with equal serenity. Over the centuries, India was the prey of greedy conquerors, was pillaged and ruined, but it never lost its identity. Its existence as a great nation began only when it won its independence from British rule.

ALORS qu'elle devait tout importer en 1950, l'Inde fabrique désormais la presque totalité de ses produits de consommation courante et biens d'équipements. Son économie, loin d'être stagnante, est en expansion. Figurant quarante fois dans le classement des vingt premiers producteurs mondiaux de richesses agricoles et y occupant dix fois la première place, elle se trouve au troisième rang après les Etats-Unis et la Chine.

Les terres arables non cultivées ne représentent plus que 3% de la surface exploitable. Elle importe moins de céréales que l'U.R.S.S. Elle atteint l'autosuffisance alimentaire en 1970. Et pourtant, ses habitants sont passés de trois cent soixante six millions en 1951 à six cents millions en 1977. Aujourd'hui, elle est devenue le premier producteur mondial de thé, millet, arachide, sésame, poivre ; deuxième de canne à sucre, banane, riz, troisième de noix de coco, colza, lin, tabac ; quatrième de sucre, blé, coton, fruits.

WHEREAS it had to import everything in 1950, India now produces almost all its consumer goods and capital equipment. Its economy, far from being stagnant, is expanding. It was forty times among the world's twenty leading agricultural producers, and has held first place ten times. It now ranks third, after the United States and China.

Only 3 % of the total area of arable land remains uncultivated. India imports less cereals than the USSR. It became self-sufficient in respect of foodstuffs in 1970. Yet its population rose from 366 million in 1951 to 600 million in 1977. Today it is the world's leading producer of tea, millet, peanuts, sesame and pepper ; it ranks second in respect of sugar cane, bananas and rice, third in coconut, colza, flax and tobacco production, and fourth in sugar, wheat, cotton and fruit production.

L'INDE est l'état le plus peuplé du globe —après la Chine—, sa production alimentaire croît plus rapidement que sa population. Ces résultats honorables, elle les doit pour une large part à Ganga. Ses plaines sont le grenier de l'Inde.

Le Gange fut également le vecteur de l'essor industriel. Favorisées par les communications et l'abondance de main-d'œuvre, les usines ont grandi sous sa protection. Ce développement a trouvé toute sa mesure dès l'indépendance avec l'application du premier plan quinquenal, le financement étant venu de l'énorme dette contractée par les Anglais durant la seconde guerre mondiale.

La déesse offre généreusement ses bienfaits. Sa marche lente et inexorable vers la mer est à l'image de la sage patience de son peuple.
De ses soixante dix ghâts, Bénarès la caresse une dernière fois, lui confie ses corps, la vénère et, lui rendant un ultime hommage, la regarde s'infléchir au nord. Cajolée, la "fille du roi des montagnes", s'étire en un long croissant. Une dernière fois, elle salue l'Himalaya, son père, avant d'affronter la pollution. Maintenant, elle a rendez-vous avec l'infamie. L'humiliation sourd. A Calcutta, ses eaux noires, infectes, limoneuses, souillées d'hydrocarbures seront le signe d'un nouveau destin, la modernisation. Rassurée, elle verra pourtant sur ses rives repoussantes la piété de quelques dévots lui confirmer la survivance de son caractère sacré. Si elle venait à être désacralisée, l'Inde perdrait son identité.

La modernisation n'a pas changé Bénarès. Si parfois, l'électricité remplace la lampe à huile - l'eau courante, le puits - les matières synthétiques, la soie et l'inoxydable le cuivre ; la ville conserve toujours son aspect ancestral.
Le long de ses venelles nichées entre temples et palais, l'artisanat déploie toute la richesse de ses couleurs.

INDIA is the second most populous country in the world, after China. Its food production is increasing more rapidly than its population. These creditable results are due in large part to the Ganges, whose plains are the granary of India.

The Ganges has also been the vector of industrial expansion. Favoured by good communications and abundant manpower, factories have sprung up along its course. This development attained large-scale proportions after independence with the application of the first five year plan, which was financed by the huge debt incurred by the British during the Second World War.

The goddess Ganga is generous with her gifts. The slow, inexorable flow of the river towards the sea symbolizes the wisdom and patience of the Indian people.

From its seventy ghats, Benares salutes the Ganges, venerates it and confides its dead to it, paying a final tribute before the river winds Northwards in a long crescent ; the "daughter of the king of the mountains" pays her respects to the Himalayas, her father, before suffering the bitter and infamous humiliation of pollution. At Calcultta the dark, silty, filthy waters of the Ganges, sullied by hydrocarbons, are the toll of modernization. Nevertheless, the piety of a few of the goddess's devotees provides reassuring confirmation that the river is still sacred. If it were not, India would lose its identity.

Modernization has not changed Benares. Though to some extent oil lamps have been replaced by electricity, wells by running water, silk by man-made fabrics and copper by stainless steel, the city still retains its age-old aspect.

Craftsmen still deploy their rich pallette of colours in the alleys between temples and palaces.

Les Ghâts à Bénarès. Aquarelle par Thomas Daniell, c. 1785.

The Ghats at Benares. Watercolour by Thomas Daniell, c. 1785.

COMMENT concevoir Bénarès sans son art ! Dans ses modestes échoppes, des artisans attentifs à leur ouvrage créent des chefs d'œuvres de finesse et d'équilibre. Dans ses humbles ateliers, les soieries et brocards réhaussés d'or sont tissés par des mains au savoir millénaire. Il y a cinq mille ans, l'Inde exportait déjà sa cotonnade —le sindû— vers la lointaine Babylone. Aujourd'hui comme hier, la tradition est respectée.

L'ivoire, le bois de santal, le cuivre sont sculptés, taillés, martelés par des doigts habiles qui savent leur donner la vie. Les formes en sont délicates, les lignes pures, les couleurs diaprées.

Les sitars, instruments à cordes, véritables joyaux de Bénarès, sont essayés avec soin avant d'être remis entre des mains expertes. Ici, la musique est la plus expressive et variée qui soit. Ni composée, ni écrite, elle est une improvisation que rien n'altère.

Les dieux l'auraient révélée aux Sages qui l'ont transmise à l'homme. Mélomanes, Krishna affectionnait la flûte et Bouddha, un petit instrument proche de la lyre, la vina.

BENARES is inconceivable without its hand crafts. In modest little workshops, artisans create masterpieces of finesse and harmony. Silks and gold-embroidered brocades are hand woven with centuries-old skill. Five thousand years ago, India was already exporting its cotton fabric, sindu, to distant Babylon. Today, as yesterday, tradition is respected.

Ivory, sandalwood and copper are carved or beaten by skilful hands which know how to bring these materials to life. The shapes are delicate, the lines pure, the colours variegated.

Stringed instruments known as sitars, one of the prides of Benares, are carefully checked before being confided to expert hands. Here, the most expressive and varied music is to be heard. It is not composed or written down, but improvised. The gods are said to have revealed it to the Sages, who passed it on to ordinary mortals. Krishna and Buddha were both music-lovers ; the former played the flute, and the latter a small instrument called the vina, similar to a lyre.

Louis Enault : l'Inde Pittoresque. Paris, 1861. Gravure sur acier.

Louis Enault : l'Inde Pittoresque. Paris, 1861. Steel engraving.

Les Bénarsis respirent un art de vivre à la fois passionné et insouciant : le Masti. Leurs plaisirs sont simples, baignade, friandises, bonne chère et de temps à autre une promenade matinale pour admirer la ville au soleil levant. "Puisque Dieu donne quelques lentilles à manger et le Gange de l'eau à boire, on ne devrait jamais quitter Bénarès" dit un proverbe local.

TOUTE l'Inde se fond dans l'ambiance chaude et bourdonnante de cette ville. Un Brahmane, vêtu de blanc, les bras chargés d'offrandes, se rend au temple. Quelques fakirs, tatoués, marchandent un lota, récipient de cuivre sphérique dont l'hindou ne se sépare jamais. Par lui, il boira, se lavera, cuisinera et ira puiser l'eau sacrée de Ganga. Une femme, bras et pieds chargés de boucles et d'anneaux, fouille dans l'éventail de saris chatoyants déballés devant elle. Assis en tailleur, le marchand astucieux saura trouver les mots pour la convaincre.
Nonchalamment, une vache fait une large trouée dans cette foule et, sans rien exiger, impose le respect. Nulle part, la considération profonde des hindous pour la vie animale ne se traduit de façon plus visible.
Au cœur de la ville, le temple de Durga est le refuge des singes. Par troupes familières et bruyantes, ils nichent entre les piliers, dorment sur les ornements d'architecture, bondissent d'un dôme à l'autre et harcèlent le visiteur. N'en sont-ils pas jaloux ? Expient-ils une faute ? Cachent-ils une âme en peine ? Avaient-ils pris à la légère la dure loi du Samsara ? "Celui qui dérobera des fruits ou des racines deviendra singe...".
Texte vivant, Bénarès explique l'Inde. Elle symbolise ses chants, ses fastes et ses misères.

The life-style of the Benarsis is both passionate and carefree. It is called Masti. Their pleasures are simple; they like bathing, sweets, good food and an occasional morning walk to admire the city at sunrise. "Since God gives lentils to eat and the Ganges water to drink, one should never leave Benares" says a local proverb.

ALL India is contained in the warm, lively ambience of this city. A Brahman, clothed in white, loaded with offerings, makes his way to the temple. A group of tattooed fakirs bargain over a lota, a spherical copper receptacle which no Hindu can do without; he drinks from it, washes in it, cooks in it, and uses it to draw holy water from the Ganges. A woman, arms and feet loaded with rings, browses among a display of irridescent saris. The astute vendor, sitting cross-legged, will know how to convince her.

A cow nonchalantly cuts a wide swathe through the crowd, and is treated with respect without asking for it. Nowhere else is the Hindu's profound consideration for animal life so visibly evident.

In the heart of the city, the temple of Durga is the refuge of monkeys. In noisy family groups they nestle between the pillars, sleep on the architectural ornaments, bound from one dome to another, and pester visitors. Are they jealous of them ? Are they expiating a misdeed ? Do they conceal a troubled soul ? Have they taken the strict law of the Samsara lightly ? "He who steals fruit or roots shall become a monkey..."

Benares is a living book on India, symbolizing the nation's songs, joys and sorrows.

"On peut éliminer la misère, affirmait le Mahatma Gandhi, non pas en supprimant les riches, mais en arrachant les pauvres à l'ignorance". Bénarès n'a pas attendu ces sages paroles. La "Bénarès hindu university" a ouvert ses portes en 1898. Aujourd'hui, elle accueille quelque vingt-cinq mille étudiants par an, l'élite de demain. Ces intellectuels, futurs ingénieurs-atomistes, pharmaciens, médecins, philosophes, physiciens ou savants n'entendent ni s'accrocher au passé, ni s'en débarrasser. Résolument tournés vers l'avenir, ils n'en vont pas moins chaque matin faire leurs ablutions dans les Eaux sacrées du fleuve.

Leur campus abrite d'ailleurs le temple de Vishvanath. A l'université également Shiva surveille ses enfants. Il les verra un jour s'expatrier vers la lointaine Amérique ou dans une de ces villes indiennes au cœur desquelles, à l'abri de vénérables sanctuaires fleurissent les industries de pointe. Il sait qu'un jour ou l'autre, ils reviendront. "On ne quitte pas Bénarès, je veux mourir ici, me déclarait un étudiant en médecine qui briguait un poste à Los Angeles, mais avant je veux boire du coca et manger des hamburgers, des vrais !".

EN ville, on va toujours "voir" Shiva avant de se rendre dans l'un de ces nombreux cinémas qui font courir les foules. Les affiches bariolées, très "léchées" proposent une diversité de scénarii richissime. Toutefois, le passe-temps favori des Indiens se heurte parfois à un grave problème, la langue. Pour les producteurs, le casse-tête est insoluble. Les acteurs parlent hindi, que le gouvernement s'efforce d'officialiser. Ceci paraît bien normal direz-vous ! Certes, mais les spectateurs, quant à eux, se partagent entre quatorze langues —sans compter l'anglais— et mille six cent cinquante deux dialectes ! A tel point que le mot roupie est inscrit quinze fois sur les billets de banque.

"Poverty can be eradicated not by doing away with the rich, but by extricating the poor from ignorance" said Mahatma Gandhi. Benares knew this already. The Benares Hindu University was opened in 1898. Today it caters for some twenty-five thousand students a year, the elite of tomorrow. These future intellectuals, atomic scientists, pharmacists, doctors, philosophers, physicists or scholars have no intention of either hanging on to the past or of relinquishing it. Resolutely turned towards the future, they none the less perform their ablutions in the sacred waters of the Ganges every morning.

On their campus stands the temple of Vishvanath ; Shiva watches over his children at the University too. One day he will see them ·emigrate to America or go to work in one of the Indian towns where spearhead industries flourish, far removed from venerable shrines. But he knows that one day they will come back. "One does not leave Benares ; I want to die here" a medical student who was applying for a job in Los Angeles told me ; "But before then I want to drink Coke and eat real American food".

IN Benares, people always pay their respects to Shiva before going to one of the city's many cinemas, which draw big audiences. The colourful and alluring posters offer a variety of attractive scenarios. But the Indians'favourite form of entertainment encounters a serious problem : language. For film producers, it is an insoluble difficulty. The actors speak Hindi, which the Government is trying to establish as the official language. Reasonable enough, true ; but cinema audiences between them speak fourteen languages –not counting English– and one thousand six hundred and fifty-two dialects ! The word rupee, for instance, is written in fifteen different ways on banknotes.

Vue d'une partie de la ville de Bénarès. William Hodges : Select Views in India. Londres, 1787. Aquatinte dessinée et gravée par l'auteur.

A View of Part of the City of Benares, from : William Hodges. Select Views in India. London, 1787. Aquatint, drawn and engraved by Hodges.

Mais comment peut-elle demeurer sacrée, cette ville de Bénarès quand les klaxons brisent son silence, quand les rues gorgées de boutiques vendent leur bric-à-brac à toutes heures, quand les femmes pensent aux riches saris et les hommes au repos, quand les touristes indécents, profanent ses lieux saints ?

En entendant cela, le Maharadja n'eut pas l'air surpris. En fait, je ne suis ni le premier, ni le dernier occidental à poser la question. Simplement, je ne comprends pas Bénarès. J'ai beau chercher, interroger, lire, regarder, sentir, je tourne en rond. Ce cercle me ramène inlassablement devant la vaste étendue de mon ignorance. Souriant de ma naïveté, courtois, il me donna cette bien belle explication :
"Lorsque le fleuve nous aura purifiés, il n'y aura pas de renaissance. Sachant cela, nous pouvons vivre en harmonie avec nous-mêmes. Profiter de la vie sans abus. Chaque Bénarsi le sait. Un passeur rame toute la journée, retourne chez lui préparer un bon repas, se parfume et en se promenant savoure un bétel. Il peut se baigner à un ghât et être incinéré à un autre, écouter de la musique toute la nuit, se réveiller tôt pour voir le soleil se lever, y revenir le soir lorsqu'il se couche. A Bénarès, nous avons tout : douceur, friandises, bétel, brocard et Ganga. Que souhaiter de plus ?".
A cette question, je n'ai pu répondre. Et si Bénarès était aussi cela : un art de vivre !

Pierre TOUTAIN

But how can Benares preserve its holiness when its silence is shattered by the hooting of motor horns, when its streets are crammed with shops selling their wares at all hours, when its women covet sumptuous saris and its men think only of downing tools and taking a rest, when its sacred places are invaded by inquisitive tourists ?
The Maharajah to whom I put this question did not seem surprised. Indeed, I was neither the first nor the last Westerner to ask it. Quite simply, I do not understand Benares. I have explored, questioned, read, watched and absorbed, to no avail ; I was merely brought back to square one, face to face with my own vast ignorance. Smiling at my naivety, the Maharajah gave me this explanation :
"When the river has purified us, there is no rebirth. Knowing this, we can live at peace with ourselves. Enjoy life without over-indulgence. Every Benarsi knows this. A boatman rows all day, returns home to prepare a good meal, freshens up and goes out for a walk, chewing betel. He may bathe at one ghat and be cremated at another, listen to music all night, rise early to see the sun rise, go back out in the evening to see it set. In Benares, we have everything : the comforts of life, good food, betel, brocades, and Ganga. What more could one ask ?"
To that question, I had no answer. Benares may well be just that : a way of life !

Pierre TOUTAIN

Vishnoo. Etienne Rodrigues : Castes Hindous, c. 1846.

Vishnoo. Etienne Rodrigues : Hindoo Castes, c. 1846.

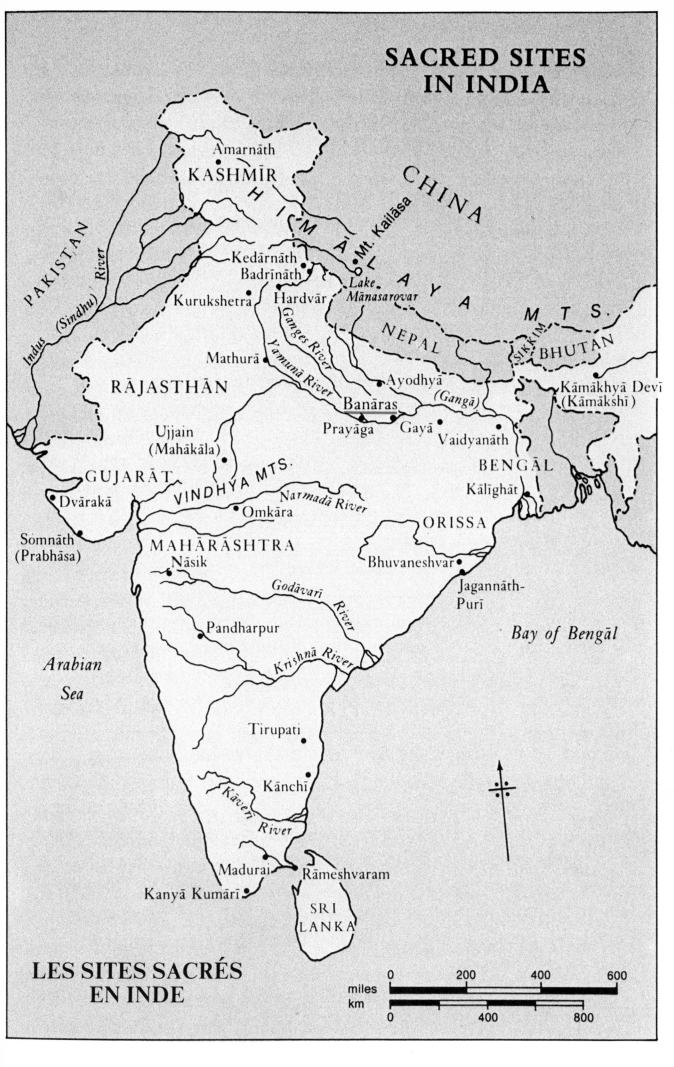

SACRED SITES IN INDIA

Amarnāth

KASHMĪR

CHINA

H I M Ā L A Y A

Mt. Kailāsa

Kedārnāth
Badrīnāth

Lake
Mānasarovar

M T S.

Kurukshetra   Hardvār

NEPAL

SIKKIM   BHUTAN

PAKISTAN

Indus (Sindhu) River

Ganges River

Mathurā

Yamunā River

Ayodhyā

Kāmākhyā Devī
(Kāmākshī)

RĀJASTHĀN

Banāras

(Gangā)

Ujjain
(Mahākāla)

Prayāga   Gayā   Vaidyanāth

BENGĀL

GUJARĀT

VINDHYA MTS.

Narmadā River

Kālīghāt

Dvārakā

Omkāra

ORISSA

Somnāth
(Prabhāsa)

MAHĀRĀSHTRA
Nāsik

Bhuvaneshvar

Jagannāth-
Purī

Godāvarī River

Arabian
Sea

Pandharpur

Bay of Bengāl

Krishnā River

Tirupati

Kāverī River

Kānchī

Madurai   Rāmeshvaram

Kanyā Kumārī

SRI
LANKA

LES SITES SACRÉS
EN INDE

miles   0   200   400   600

km   0   400   800

33

Selon un rituel strict, cette femme boit l'eau du Gange - Ganga, déesse et mère. Corps et âme, elle est purifiée. L'esprit échappe à la matière.

In accordance with a strict ritual, a woman drinks the water of the Ganges and is purified in body and soul. Ganga is the goddess and mother. Mind transcends matter.

Opéra millénaire, les quais de Bénarès - les ghâts - au lever du jour, couronnés de temples et de palais deviennent la scène du fastueux spectacle conçu par le dieu Shiva pour le plaisir de l'œil et la délectation de l'âme.

*A centuries-old spectacle : the quays of Benares (the ghats) at daybreak, backed by temples and palaces,
present a sumptuous scene created by the god Shiva to delight the eye and uplift the spirit.*

Shitla road.

Les rickshaws : ils sont soixante mille à Bénarès.   *Rickshaws : sixty thousand of them in Benares.*

L'Inde en marche. Le marchand ambulant, l'homme d'affaires, le commerçant, le médecin, le pélerin, le prêtre, sans distinction de rang se confondent dans la foule. Les voitures, les vélos, les rickshaws, les vaches se croisent et s'entrecroisent dans le châtoyant ballet de Shitla Road.
A proximité du lit majestueux où le Gange roule ses eaux, la ville dans l'ombre des palais et des temples, connaît une incessante et turbulente animation. Le Sacré côtoie le quotidien dans une étonnante harmonie. Plus loin sur le campus de l'Hindu University, vingt cinq mille étudiants suivent un enseignement de très haute qualité qui prépare l'élite des intellectuels et scientifiques de l'Inde de demain.

India on the move. Itinerant merchants, businessmen, shopkeepers, doctors, pilgrims, priests, all merge into the crowd without distinction of rank. Cars, bicycles, rickshaws, cows form part of the sparkling ballet of Shitla Road.
In the vicinity of the majestically flowing Ganges, in the shadow of palaces and temples, the city is in ceaseless and turbulent movement. The sacred and the mundane mingle in a remarkable harmony. Some distance away, on the campus of the Hindu University, twenty-five thousand students receive a first-class education which prepares them to join the intellectual and scientific élite of the India of tomorrow.

Godaulia Place. Autour d'un policier impavide, le carrousel bruyant d'une ville aux mille visages.

Godaulia Place. The noisy merry-go-round of a city of a thousand aspects turns around an impassive policeman.

Comme le vantent les affiches en tous genres, ici le cinéma est un mode d'expression apprécié et populaire. L'Inde est en effet aujourd'hui le premier producteur mondial de films de long métrage.

As evidenced by posters of all kinds, the cinema is a highly appreciated and popular art-form. India is today the world's leading producer of feature films.

Nandi, le buffle sacré. Il est la monture de Shiva. Cette statue faisait partie de la décoration du temple de Vishvanath qui fut détruit en 1668 par l'empereur Aurangzeb, le dernier Grand Moghol.

Nandi, the sacred buffalo, on which the Lord Shiva rode. This statue was part of the decoration of Vishwanath temple which was destroyed in 1668 by the Emperor Aurangzeb, the last Great Mogul.

Sur les murs de Bénarès, le pinceau de l'artiste se mobilise souvent au service de la publicité.

Artists often paint advertisements on walls in Benares, creating original but ephemeral works of art.

Motorisés ou non les moyens de locomotion, le plus souvent individuels, sont variés mais adaptés à l'extraordinaire densité de la circulation des villes indiennes.

Vehicles, powered or otherwise, mostly individual, are of many kinds, but they are all adapted to the dense traffic of Indian cities.

43

Après la purification de l'homme, la propreté de l'objet : sur les rives du Gange, la sollicitude d'un jeune Bénarsi pour son outil de travail.

After the purification of the individual, the cleansing of the object ; on the banks of the Ganges, a young Benarsi tends the tool of this trade.

Les bateliers du Gange, la répétition sans fin de gestes millénaires.

The boatmen of the Ganges : the ceaseless repetition of centuries-old movements.

A l'appel de la publicité, quand le profane emprunte au sacré, les dieux eux-mêmes semblent cautionner les produits de grande consommation.

In the service of advertising, when the profane has resort to the sacred, the gods themselves seem to sponsor mass consumer goods.

Pages 50-51 :
Véritable couple que les millénaires n'entament pas, celui du kornac et de sa bête, consacre l'alliance de l'intelligence et de la force.
L'éléphant, monture des rois et des dieux, a joué dans la légende bouddhiste le rôle du Saint-Esprit. C'est lui qui déposa la dernière réincarnation du Bouddha dans les flancs de la reine Maya, restée pure malgré son mariage.
Symbole de paix et de prospérité, l'éléphant est toujours présent dans la société indienne.
Dispensateur de la bénédiction céleste, il réalise selon la tradition, les vœux que les hommes lui adressent.

P. 50-51 : Unchanged for centuries, the kornac and his mount form a pair combining intelligence and strength.
The elephant, mount of kings and gods, played the role of the Holy Spirit in the Buddhist legend according to which this animal placed the last reincarnation of Buddha in the womb of Queen Maya, who remained pure although married.
A symbol of peace and prosperity, the elephant plays a big part in Indian society. It is a dispenser of heavenly benediction, and according to tradition causes men's wishes to be realized.

Le célèbre Bouddha de Sarnath est l'une des plus anciennes représentations de "l'illuminé". (Période Gupta VIᵉ s. av-J.C.).

The celebrated Buddha of Sarnath is one of the oldest representations of the "Enlightened One" (Gupta period, sixth century B.C.).

Ci-dessous, à gauche : Hanuman, le dieu-singe, modèle de courage. Sur son cœur il porte Shiva et Parvati. *A droite :* Shiva, le plus grand des dieux, Parvati son épouse et Ganesh leur fils ; la sainte famille.

Bottom, left : Hanuman, the monkey god, model of bravery. On his heart he bears Shiva and Parvati.
Right : Shiva, the greatest of the gods, his wife Parvati, and their son Ganesh : the holy family.

tude de tristesse comme pour interroger son destin sur les raisons et le but de toute vie. Les yeux clos il cherchait la vérité.
Ayant renoncé au diadème et aux plaisirs de ce monde, la révélation lui vint enfin. Et ce fut, devant ses cinq disciples, le célèbre "sermon de Bénarès", point de départ de la religion Bouddhiste.

Top : at the gates of Benares the Stupa of Sarnath is the cradle and emblem of the faith. Here, under the Bodhi (wisdom) tree, Buddha is seated in an attitude of sadness as though questioning his destiny and the meaning and purpose of life. Eyes closed, he seeks the truth.
Having renounced the pomps and pleasures of this world, revelation finally came to him. He delivered to his five disciples the famous "Sermon of Benares", from which the Buddhist religion originated.

Photo du haut :
Le Stupa de Sarnath aux portes de Bénarès est le berceau et l'emblème de la foi. Ici, sous l'arbre de Bodhi - Sagesse - Bouddha s'assit dans une atti-

La décoration extérieure des habitations par des peintures naïves est fréquente à Bénarès. Réalisées à l'occasion des fêtes familiales, elles sont toujours exécutées par la maîtresse de maison.
Dwellings in Benares are frequently decorated externally with primitive paintings, executed by the mistress of the house on the occasion of family celebrations.

Ci-dessus à gauche : le combat de Ganesh, fils de Shiva, et de Parshurama, une incarnation de Vishnu.
A droite : dans une venelle de Bénarès, cette décoration murale représente une scène de mariage : l'arrivée d'un jeune homme fortuné chez sa future épouse.

Above : fight between Ganesh, the son of Shiva, and Parshurama, an incarnation of Vishnu.
This mural in a Benares side-street depicts a marriage scene : the arrival of a well-to-do young man at the home of his future wife.

Hanuman, le singe à la force prodigieuse. C'est le symbole de la fidélité et du dévouement. Très populaire, c'est en souvenir de ses exploits légendaires que les singes, en Inde, sont considérés comme sacrés. Pour combattre leur stérilité, certaines femmes se dévêtent et embrassent sa statue.
Hanuman, the monkey of prodigious strength, symbol of loyalty and devotion. By reason of the legendary exploits of this god, monkeys are held sacred in India. Sterile women remove their clothing and embrace his statue in order to become fertile.

Les dieux sont partout : Bénarès compte près de deux mille temples, du plus humble au plus riche, ouverts en permanence à la ferveur populaire. Ici l'entrée d'un temple consacré à Hanuman (représenté au centre).

Gods are everywhere ; Benares has nearly two thousand temples, ranging from the modest to the sumptuous, permanently open to worshippers. Here is the entrance of a temple to Hanuman (depicted in the centre).

Ci-contre : là où tout n'est plus que silence et méditation, le rêve et la vigilance se mêlent dans le regard de cette jeune femme qui garde l'entrée d'un temple et en interdit l'accès aux non-croyants.

In a setting of silence and meditation, contemplation and vigilance mingle in the expression of this young woman guarding the entrance to a temple which unbelievers may not enter.

Page suivante : potelé, souriant et malicieux, Ganesh (au centre du fronton) allie la force à la ruse. Ce dieu porte-bonheur est représenté sur les entrées des édifices dont il assure la protection. Fils de Shiva et Parvati, il a pour monture une souris.

Following page : plump, mischievous and smiling, Ganesh (in the centre of the pediment) combines strength and guile. This benevolent god is depicted at the entrances to buildings placed under his protection. The son of Shiva and Parvati, he is mounted on a mouse.

Ganesh le bienveillant.

Ganesh the benevolent.

Sur le sitar quelques notes de musique, dont la résonnance claire éveille l'âme au sacré...
et Shiva, d'un pas léger, insensible au cercle de flammes qui l'entoure, foule dans sa danse cosmique le démon nain, symbole de l'ignorance.

A musician playing the sitar, whose clear tones uplift the spirit...
Shiva, heedless of the circle of flames around him, performs a cosmic dance upon the dwarf demon
symbolizing ignorance, demonstrating his power and showing the way to deliverance.

L'aube transfigurée au rendez-vous de deux titans, Brahma le dieu soleil, salue Ganga, déesse et fleuve.

Daybreak at the meeting of two titans : Brahma, the sun god, and Ganga, goddess and river.

Portés par la foi, ivres de piété, les sadhus ont tout abandonné. Ils n'emportent sur le chemin initiatique qui les mène d'un pèlerinage à l'autre que le baluchon contenant les instruments du culte et les textes sacrés.

La charité des croyants subvient aux besoins de ces mystiques.

Sustained by faith, inspired by piety, the Sadhus have abandoned all worldly possessions. In their pilgrimages from one place to another, they carry only a knapsack containing religious articles and texts. These mystics rely entirely on the charity of the faithful.

Frappé au signe de Vishnu.

Marked with the sign of Vishnu.

Dans l'incertaine clarté de l'aube naissante, le pélerinage à Bénarès est aussi un spectacle d'une rare beauté où l'air, l'eau et la terre conjuguent leur éclat. Tout est lumière et sérénité.

In the half-light of the dawn, the pilgrimage to Benares is a scene of rare beauty amid the stillness of the air, the water and the land.

Les chercheurs d'absolu.

Seekers after the Absolute.

La tolérance est de règle à Bénarès. Bouddhistes, Jaïns, Sikhs, Musulmans, Chrétiens, Parsis, Brahmanistes, Juifs, Shivaïstes, Vishnuistes se côtoient sur les rives du Gange. Indifférents à la vaine agitation de ce monde, les croyants vivent là une étape capitale de leur existence.

Tolerance reigns in Benares. Buddhists, Jains, Sikhs, Moslems, Christians, Parsees, Brahmans, Jews, Shivaists and Vishnuists all rub shoulders on the banks of the Ganges. Indifferent to the material world, believers undergo a major experience of their lives here.

Aujourd'hui comme hier, l'homme est son propre instrument. Rien n'a changé depuis le fond des âges, le modernisme laisse survivre ces métiers, images d'entrelacs.

Today, as yesterday, man does the hard work himself. Nothing has changed since earliest times ; these tasks survive despite the advent of modernity.

L'outrage du temps vaincu. Bénarès, la ville au-dessus des eaux, inlassablement reconstruite.

Repairing the ravages of time ; reconstruction work continues ceaselessly in Benares, the riverside city.

Des milliers de fidèles se pressent au rendez-vous matinal du Gange et se plongent dans l'eau purificatrice. Nul cri, c'est l'heure où le murmure de la prière se fond au bruissement paisible du fleuve.

Thousands of worshippers flock to the Ganges in the morning to immerse themselves in its purifying waters. It is a quiet ceremony, the murmur of prayers mingling with the peaceful lapping of the river.

Sur les berges du Gange, ce ghât est une véritable laverie à ciel ouvert.

This ghat on the banks of the Ganges is an open-air laundry.

Porté par les plus belles, lavé par les plus humbles, le sari accompagne parfois toute une vie.
Worn by the beautiful, washed by the humble, the sari sometimes lasts a whole lifetime.

Les jeux et les rires des enfants de Ganga.
Play and laughter of the children of Ganga.

Page suivante :
L'ultime étape.
Manikarnika ghât, le saint des saints. Incinéré à cet endroit précis est pour l'Hindou une grâce suprême dispensée par Shiva lui-même. Le repos éternel est assuré à tout jamais, la douloureuse chaîne des réincarnations est rompue.
Les défunts, enveloppés de linceuls blancs pour les hommes ou rouges pour les femmes, sont amenés sur des brancards de bambou par les familles. Les corps sont plongés dans les eaux sacrées du Gange pour une ultime purification avant d'être placés sur les bûchers de bois de santal. Le fils ou un proche parent allume le brasier en tournant cinq fois autour. Le feu, ravivé par des aspersions de ghee, beurre clarifié, emporte l'âme, l'âtman, au ciel. Enfin, les cendres sont confiées à Ganga.

Following page : the last resting place.
Manikarnika ghat, the holy of holies. For the Hindu, cremation on this spot is a supreme grace dispensed by Shiva himself. Eternal rest is assured, and the dolorous sequence of reincarnations is ended.
The deceased, enveloped in shrouds —white for men, red for women— are carried by their families on bamboo stretchers. The bodies are immersed in the sacred waters of the Ganges for a final purification before being placed on funeral pyres of sandalwood. The fire is lit by a son, or a near relative, who walks five times around the pyre. The fire, kept burning by sprinkling with ghee (clarified butter) carries the soul, the âtman, up to heaven ; after which the ashes are entrusted to Ganga.

Manikarnika ghât : les portes du paradis.

Manikarnika ghat : the gateway to Paradise.

Don de l'eau, offrande faite aux ancêtres.   *Gift of water offered to ancestors.*

L'EAU SACRÉE.

"Vous, les Eaux, qui réconfortez,
apportez-nous la force,
la grandeur, la joie, la vision.
... Souveraines des merveilles,
régentes des peuples, les Eaux.
... Vous, les Eaux,
donnez sa plénitude au remède,
afin qu'il soit une cuirasse
pour mon corps, et qu'ainsi je vois
longtemps le soleil...
... Vous, les Eaux, emportez ceci,
ce péché quel qu'il soit,
que j'ai commis,
ce tort que j'ai fait à qui que
ce soit,
ce serment mensonger que j'ai prêté."

Après la prière, la méditation. *After prayer, meditation.*

THE HOLY WATER.

"You, fortifying Water,
give us strength, greatness,
joy, vision.
... Greatest of all wonders,
ruler of people, The Water.
... You, Water,
make healing complete,
so that my body may be protected
and I will see the sun
for a long time to come...
... You, Water, wash away
whatever sin I have committed,
whatever wrong I have done to anyone,
the perjury of which I have been guilty."

Cet adorateur de Shiva est arrivé au terme de son voyage. Sa canne désormais inutile repose sur ses genoux. Immobile, face au soleil levant, il contemple Brahma. Quel Au-delà entrevoit-il ?

This worshipper of Shiva has arrived at the end of his journey. His stick, no longer needed, rests in his lap.
Motionless, facing the rising sun, he contemplates Brahma. What awaits him in the Beyond ?

Sa barque griffe à peine le Gange, marcherait-il sur l'eau ? Non, pour beaucoup de pèlerins il est l'ouvreur d'un spectacle grandiose, l'aube naissante à Bénarès. Ainsi ce passeur est avant tout serviteur de Brahma, dieu créateur.

His boat scarcely causes a ripple on the Ganges. Is he going to walk on the water ? No ; for many pilgrims he is the person who reveals a grandiose spectacle : daybreak over Benares. Hence this boatman is first and foremost a servant of Brahma, the god of creation.

Le premier regard. Son futur époux ne découvrira son visage qu'après les cérémonies. Les riches étoffes, les soies, les ors soulignent la délicate carnation d'un ovale que la solennité du moment rend un peu sévère ; demain, elle se marie.

Her future husband will not see her face until after the ceremony. The sumptuous fabrics and gold embroideries set off the delicate flesh-tints of a face rendered somewhat severe by the solemnity of the moment ; tomorrow she is to be married.

Les femmes, et les hommes aussi, sont très sensibles à la beauté des tissus et l'éclat des couleurs. Le sari en particulier met en valeur la qualité des étoffes et donne à celles qui le portent une infinie élégance.
Women, and men too, are appreciative of the beauty of the fabrics and the brilliance of their colours. The sari, in particular, enhances the quality of these materials and the elegance of the wearer.

Des textiles légendaires pour lesquels l'Europe brava les océans. Quand Marco Polo s'y rendit sur l'ordre du grand Khan, l'Inde exportait déjà sa cotonnade, le sindû, à Babylone depuis 4 500 ans.

On ne peut imaginer l'Inde sans ses artisans. Le regard vigilant, au fond de modestes échoppes, ils perpétuent des gestes précis, forts de 50 siècles d'expérience.

Bénarès est la capitale des plus somptueux textiles, les riches saris et brocards rehaussés d'or sont tissés et vendus dans les petites échoppes de son bazar.

Legendary fabrics for which Europeans sailed the oceans. When Marco Polo went to India on the orders of the great Khan, the country had already been exporting its cotton fabric, sindu, to Babylon for 4,500 years.

India is inconceivable without its craftsmen. Installed in modest workshops, their keen eye and deft hands perpetuate a tradition backed by fifty centuries of experience.

Benares is the capital of the most sumptuous textile fabrics ; rich saris and brocades set off with gold are woven and sold in the little shops of the city's bazaar.

Les dernières retouches.
Destinées principalement à l'exportation, ces pièces sont confectionnées sur des métiers. Le souci de qualité est grand et un label sera délivré, garantissant l'origine de ces produits artisanaux. Aujourd'hui les fabricants sont devenus leurs propres représentants, parcourant le monde, les expositions et les grands marchés.

La perfection au bout des doigts.
Le geste ancestral crée chaque fois une œuvre unique et raffinée.
Quatre doigts de savoir-faire, un peu de poésie et le reste de lumière, c'est plus qu'il n'en faut pour qu'un tapis chante les couleurs.

The finishing touches.
Intended mainly for export, these items are woven on looms. Great importance is attached to quality, and a label is issued guaranteeing the origin of these craftwares. Those who produce them are today their own sales representatives, travelling around the world, visiting major markets and displaying their wares at international exhibitions.

Perfection at his fingertips.
Age-old movements create a unique work of exquisite refinement. Four-fifths know-how, a dash of poetry and a sense of colour combine to produce a magnificent carpet.

Pour le travail délicat de l'ivoire. Parfaite maîtrise du geste.
Perfect manual dexterity for the delicate work of ivory carving.

Sculpter dans l'ivoire, tailler dans le bois de santal, c'est toujours la recherche de la perfection.

1 - Scène familière exécutée avec une rare finesse (miniature sur ivoire).
2 - Shiva et Parvati (bois de santal).
3 - Ce chef-d'œuvre de l'art indien contemporain est la représentation de Durga, déesse incarnant la force vitale (ivoire).

Carving ivory or sandalwood always involves a quest for perfection.
1 - An ivory miniature of rare finesse.
2 - Shiva and Parvati (sandalwood carving).
3 - This masterpiece of contemporary Indian art is an ivory carving of Durga, the goddess of the life-force.

2

2

Durga l'inaccessible lutte contre les démons. Sa victoire sur l'Asura-buffle (à ses pieds) est son titre de gloire.

Durga the Inaccessible fights demons ; her victory over the Asura buffalo (at her feet) is her crowning glory.

Le chowk, à deux pas des ghâts, la chaude et bourdonnante ambiance du bazar où parmi l'amoncellement d'objets offerts aux clients, les tous jeunes aussi peuvent satisfaire le plaisir de leur âge, le jeu.

The Chowk. A stone's throw from the ghats, the colourful and busy bazaar where the wide variety of merchandise on sale includes children's toys and games.

Au bonheur des chalands, véritable bric-à-brac, les boutiques du chowk regorgent d'étoffes multicolores, d'images pieuses, de paquets de vermillon, de cuivres travaillés, d'idoles de laiton, de piécettes pour aumône.
Ici comme ailleurs le culte fait recette.

Where customers have a wide choice.
The shops in the Chowk overflow with bric-a-brac, multicoloured fabrics, religious pictures, packets of cinnabar, chased copperware, brass idols, small coins for charity ; here, as elsewhere, religion is a profitable business.

Ces indispensables lotas dont l'Hindou ne se sépare jamais, sont utilisés pour le culte, la cuisine ou la toilette.

The Hindu always needs these indispensable lotas for cooking, washing and worshipping.

Page de gauche : costume traditionnel, le sari est porté obligatoirement par la jeune épouse durant la première année de mariage.

Ci-contre et ci-dessus : Porte-bonheur ; les vermillons de Bénarès sont un gage de bon augure dispensé par les Dieux pour une union longue et heureuse. Ces poudres de couleurs rouge ou orange ornent le front des femmes en signe distinctif de mariage. Les jeunes filles et les veuves ne peuvent s'en parer.

The traditional sari is compulsory wear for the young wife during the first year of marriage.

Benares cinnabar is a talisman of good fortune dispensed by the gods for a long and happy marriage. This red or orange powder embellishes the foreheads of married women, as a distinctive sign of their married status. Unmarried girls and widows may not use it.

·Un guide de tous les instants : l'astrologue.

A guide for all occasions : the astrologer.

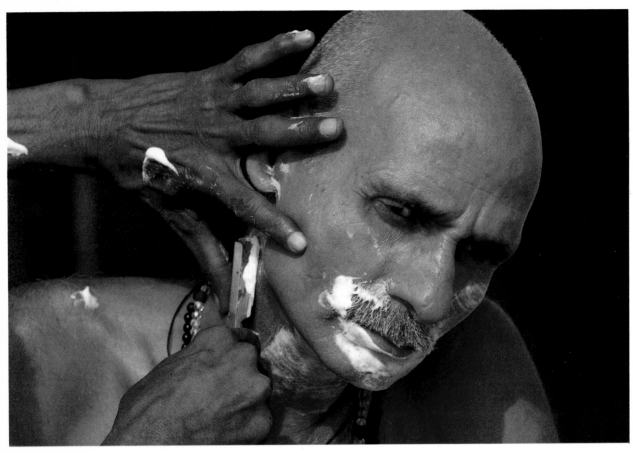

Sur les ghâts, les masseurs sont aussi souvent barbiers. Ils connaissent les secrets du mieux-être cher au cœur de l'Indien.
Avant de se consacrer au spirituel, le croyant entretient son corps par des exercices rigoureux. Il sait que sa santé résulte d'une bonne circulation des prânas, les courants de l'énergie vitale.

On the ghats, the masseurs are often barbers as well. They know the secrets of well-being by which Indians set such store.
Before concerning himself with his spiritual uplift, the believer keeps his body in trim by rigorous exercises. He knows that good health depends on proper circulation of pranas, currents of vital energy.

Page précédente :
Consulté pour chaque acte de la vie quotidienne, l'astrologue fait partie intégrante du paysage de Bénarès. *En insert :* ceux qui ne peuvent se déplacer lui font parvenir leurs empreintes.

Previous page :
Consulted on every act of day-to-day life, the astrologer is an integral part of the Benares scene. Those who are unable to visit him send him their hand-prints.

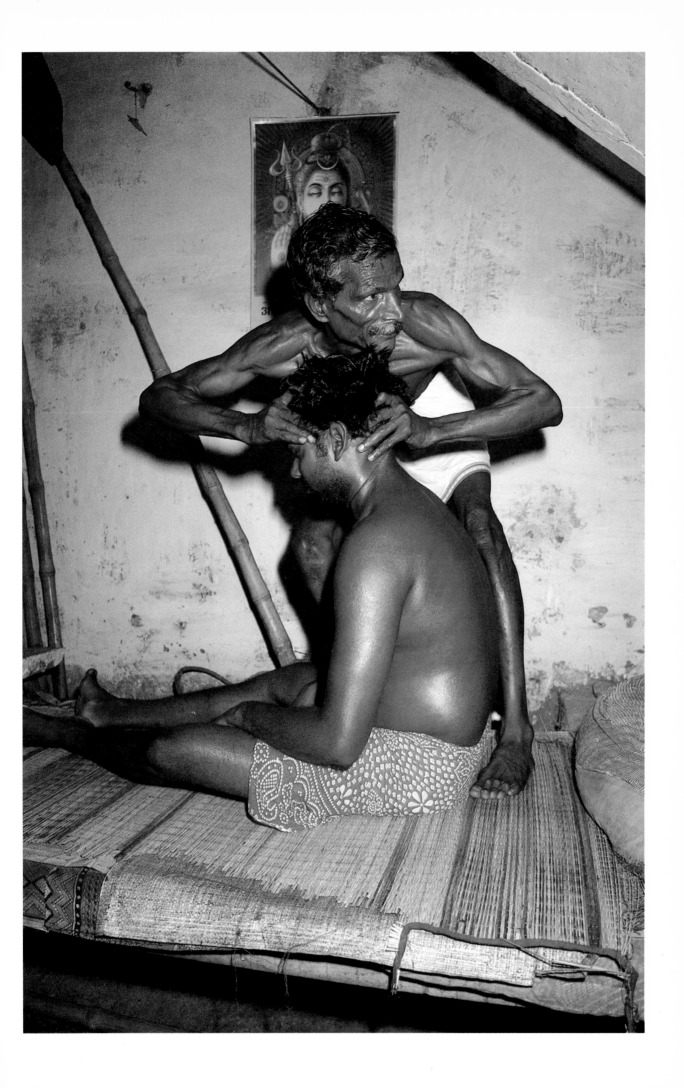

Nichées entre temples et palais, les échoppes colorées et encombrées du bazar transforment les venelles en véritables lieux de fête étincelant de mille feux.

Nestling among temples and palaces, the colourful shops of the bazaar, packed with merchandise, transform the side-streets into veritable fairgrounds glittering with bright lights.

Offrez du bétel ! C'est un gage d'amitié.
A Bénarès, la feuille de bétel fait partie des traditions. Offrir cette friandise est une marque de respect et d'amitié. Sa préparation complexe peut varier suivant le goût de chacun. Ses vertus digestives incitent les Indiens à l'utiliser fréquemment après les repas.
Sur la feuille sont disposés : de la noix d'arec, de la chaux vive, de la liane à bétel, de la pâte de tilleul et du tabac. Considérée comme pure, elle est également utilisée pour certains rituels hindouistes.
Sa préparation minutieuse n'est pas une contrainte, elle précède un moment de délassement.

Offer betel ! The betel leaf is one of the traditions of Benares. Offering this delicacy is a mark of esteem and friendship. Its complex preparation varies according to individual taste. Indians aften chew it after meals as an aid to digestion.
Betel nut, quicklime, betel liana, lime paste and tobacco are placed on the leaf. Its careful preparation is not regarded as a chore, but as a prelude to a moment of relaxation. Because it is considered as pure, it is also used in certain Hindu rituals.

Les femmes préparent le repas. Au premier plan, la maîtresse de maison surveille la cuisson du pain. Ces fines galettes sans levain, les nans, accompagnent habituellement tous les repas.

Indian women cooking. The housewife in the foreground is baking bread; these thin unleavened loaves called nans are customarily eaten with meals.

L'Inde est d'abord paysanne. Quatre-vingt pour cent de la population vit dans l'un de ses 565 000 villages.
Dans le nord, les maisons rurales sont faites d'un mélange d'argile, de paille, de bouse de vache et de particules de pierres. Les toits plats sont en chaume. Les chambres donnent sur une cour intérieure où la famille se réunit autour d'un foyer de terre *(page précédente)*.
Au rythme des saisons, dans le respect des traditions, la vie se limite à l'essentiel : l'hospitalité et le labeur.

India is mainly a nation of peasants. Eighty-five per cent of its population live in one or other of its 565,000 villages.
In the North, the rural dwellings are built of a combination of clay, straw, cow-dung and broken stones, with flat thatched roofs. The bedrooms face an inner courtyard where the family gathers around an earthen hearth (see preceding page).
Throughout the seasons of the year, life follows the traditional pattern, confined to the essentials : hospitality and toil.

Si leurs toilettes les distinguent, riches ou pauvres, tous suivront pourtant lors de leur mariage un même rituel complexe s'étendant parfois sur plusieurs jours.

Couleurs favorites des Dieux, le rouge et le jaune se mêlent et participent activement à l'union des époux évoquant une violente passion dédiée à Ganga.
Vishnu est porteur d'habits jaunes et l'œuf cosmique de Brahmâ brille comme l'or.
Le rouge est la couleur du sang, de la vie, de la beauté, de la richesse, et également de l'union.

Red and yellow, the favourite colours of the gods, are predominant at marriage ceremonies, signifying devotion to Ganga.
Vishnu's colour is yellow, and the cosmic egg of Brahma shines like gold.
Red is the colour of blood, life, beauty, wealth, and also of union.

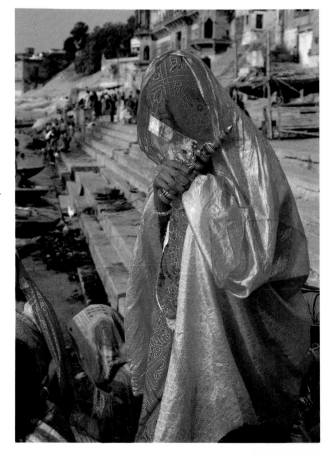

Though their garments distinguish the rich from the poor, the same complex marriage ritual is observed by everyone, sometimes lasting several days.

Ablutions, unions, crémations : le pouls de l'Inde mystique bat le long des ghâts de Bénarès, ville sainte entre toutes.

Ablutions, marriages, cremations : the pulse of mystical India beats along the ghats of Benares, the holiest city of all.

Somptueusement parés pour une cérémonie que les rites ancestraux régissent jusque dans les moindres détails, leur mariage.

Sumptuously garbed for their marriage, a ceremony whose every detail is governed by ancestral rites.

Sous la voûte céleste, Dasashvamedha ghât, lieu de vie et de pitié, véritable temple, reste un des sites les plus sacrés de Bénarès. Il est aussi le quai le plus accessible au touriste soucieux d'éviter le tumulte de la vieille ville.

Under the vault of heaven : Dasashvamedha ghat, a veritable shrine, is one of the most sacred spots in Benares. It is also the quay most easily accessible to the tourist wishing to avoid the tumult of the old town.

Ganga... depuis toujours et à jamais.

Ganga : since the beginning of time and for all eternity.

REMERCIEMENTS

à Paris :
- Son Excellence I.H. Latif, Ambassadeur d'Inde,
- Madame Sudha, Ambassade d'Inde,
- le personnel de l'agence AIR FRANCE, Champs-Elysées,
- Martial Pénicaud et Sylvie Vaillant,
- Michel Gotin,
- Michel Jacquet ;

à New-Delhi :
- Monsieur Khare, directeur de l'agence AIR FRANCE,
- Madame Khare, "Products of India", Ashoka hôtel,
- Madame et Monsieur Chawla,
- la direction de l'hôtel Taj Palace,
- la compagnie INDIA AIRLINES ;

à Bénarès :
- Monsieur Chowdhury, India tourist office,
- Monsieur Gupta, Nandi book shop,
- le personnel de l'hôtel Taj Ganges,
- Karampal Singh,
- Monsieur Rajendra Nagar, J.R. Ivory arts & curios ;

à Londres :
- Gabriel Fontaine,
- Christos Raftopoulos et Axel Schiebuch.

RECHERCHES ICONOGRAPHIQUES

"PRINT ROOM", Monsieur John Cumming,
37, Museum street, London WC1A 1 LP.

DOCUMENTATION

Nicole Toutain.